占領下制定憲法打破・第九条改定に策あり

等々力孝一

展転社

はしがき

九条改定に策あり、といって特段の秘策奇術などあり得ない。その第２項削除という改正目標を確かなものにすることが先決である。そんな平凡なことを、過去数十年の間、提案し追究する政党・政治団体が存在して来なかったことが不思議である。とりわけ近年、護憲論者達が「九条の会」をつくり九条擁護に力を集中しているのだから、なおさらである。

端的に言えば、自衛隊が憲法に違反しないことが認められ、その上、安保条約によってアメリカが守ってくれるから、九条はそのままでも国の安全に差し支えない、と国民全体が安心し油断している、ということに他ならない。

安倍内閣の「安保法制」に反対するデモ隊は、「アメリカの戦争に巻き込まれる」「右傾化だ、軍国主義が復活する」「戦争準備の法制だ」……などと叫んでいるが、今日戦争の危険があるとすれば――実際にその危険は高まっているのだが――、その原因は日本にではなく、わが国の外にある。アメリカが日本の近隣で戦争を起こそうとしているわけでもない。

そんなことは、裸の王様でさえ分かりそうなことである。

にもかかわらず、正気の沙汰とは思えない主張が蔓延しているのは、愚かなマスメディアが――しかし本当は意図的に、煽り立てているからである。とはいえ、その一半の責任は、平和の夢想にどっぷり浸《つ》かって油断している国民にもある。そして安倍内閣とその与党も、わが国を取り巻く危機について、率直明瞭に国民に語りかけているとは言いがたい。しかし政府与党といえどもマスメディアの専横に縛られて、言動はそれほど自由ではない。

この三竦《さんすく》みのような状況を打開するためには、国民を油断に導いた「九条はそのままでも差し支えない」という憲法観を見直すべきだ、と考えが及ぶのは自然な流れであろう。

まさにこの本は、その自然な流れに沿うものである。

憲法という複雑多岐にわたる問題について、立場の相違を越えて誰もが認めるべき基礎的な事実・文献・条文等を提示し、その上で、立憲主義の正統かつ基本的な原則によって論じているから、読者自身が考え、著者の見解を検証することも容易であろう。

そこから新たに討議が生まれ、国防問題をめぐる国論の混迷や憲法問題の停滞から脱する一歩に繋がるならば、と願っている。

平成二十七年十月

等々力孝一

目次

占領下制定憲法打破・第九条改定に策あり

カバーデザイン　根本眞一（クリエイティブ・コンセプト）

第一章　占領下憲法の制定

第一節　「日本国憲法」に何故反対するのか

日本国憲法に、何故反対するのか？
それは、独立国の憲法として相応《ふさわ》しくないからであり、その根本原因は、先ずその成立が国際法に違反しているからである。

戦時国際法（ハーグ陸戦法規）は、占領軍は、極力その占領当地の法令慣習を利用して秩序治安を維持することを求めており、占領下の法令改正を原則的に禁止している。まして憲法の改正などもっての外である。この陸戦法規の規定は、戦争継続中の占領について適用されるものであって、降伏した敗戦国に対する占領には適用されないという解釈もあり、連合国は、その解釈に従ったということのようであるが、そもそも陸戦法規は、占領国による被占領地の征服、併合又は従属国とすることを防ぐ趣旨のものであって、戦争継続中の占領で禁止されるべきことを、降伏後の敗戦国に強要して良い訳がないと考えるべきである。

今さら国際法違反を問うた所で何の意味があるのか、という考えがあるかも知れない、内容が良ければそれでよいではないか、と。

しかし、こと憲法となれば、その成立過程、手続の法的根拠・その正当性如何が、国家そのものの正統性（適法性）《レジティマシー》を左右する。占領下の憲法改正又は制定は、本質的に戦勝国に対する敗戦国の国家的従属を招来することは避けがたく、また敗戦国の歴史・文化や国民意思の公正な反映を歪めやすい。

少なくとも、占領終結・講和条約の成立後、主権を回復した時点において、その憲法の正統性・内容の妥当性について点検することが、真の独立を回復するためには最低限不可欠なことである。**占領下制定憲法＊をそのまま無条件に擁護することなど、独立国の態度としては、本来あり得ないのである。**つまり、「憲法擁護」とは、わが国の真の独立、自立国家として歩むことを拒否し、又は妨げようとすることに他ならない。

＊以下「占領下憲法」というのは、占領下制定憲法のことである。

しかし、わが国が終戦の条件として受け容れた「ポツダム宣言」が憲法改正を要求しているのではないか、という考えがある。

ポツダム宣言の第十項は「日本国政府ハ日本国国民ノ間ニ於ケル民主主義的傾向ノ復活強化ニ対スル一切ノ障礙《しょうがい》ヲ除去スヘシ。言論、宗教及思想ノ自由並ニ基本的人権ノ尊重ハ確立セラルヘシ」と規定しているが、民主主義的傾向の復活強化とその障害の除去と言うならば、戦前の憲法下において民主主義的傾向が存在していたことを認めているのであって、むしろ憲法改正が必ずしも不可欠ではないことを意味している。

また、占領終結の条件として、「日本国国民ノ自由ニ表明セル意思ニ従ヒ、平和的傾向ヲ有シ且責任アル政府カ樹立セラルル」こと（第十二項）、さらに、日本政府の「ポツダム宣言受諾は天皇の統治権・国体の変更を要求するものでない」ことの確認要請に対する連合国側の回答（いわゆる「バーンズ回答」）の「日本国政府の最終的形態は日本国民の自由な意思に従い決定される」、ということなどが、事実上憲法改正を求めるものであり、日本政府はそれを認めたのではないか、という主張もある。

しかし、天皇統治の継続の可否は、直接憲法改正の必要を意味しない。例えば（占領下の特別措置として）国民投票などの手段で国民の意思を確認することも可能であり、それによって国民の多数意思が天皇制度の廃止（または根本的改革の必要）を表明した場合にのみ、憲法改正が俎上《そじょう》に載せられるものと考えられるからである。敗戦後の当時、ごく一部の過激な君主制廃止論者を除けば、国民の大多数が天皇制度の存続を望んでいたことは疑いようがない。だからこそ、占領軍は連合国内の天皇制廃止の要求を抑えて、それを維持し、むしろ占領統治のために利用しようとしていたのである。

それでもポツダム宣言は無条件降伏の要求であり、それを受け容れた以上、占領軍の憲法改正を認めるのは当然だというかも知れない。ポツダム宣言と無条件降伏の問題は、後に改めて述べるが、無条件降伏という概念自体が曖昧《あいまい》なものであり、無条件降伏を、降伏条件として提示すること自体言葉の矛盾であるが、**仮にポツダム宣言受諾を無条件降伏だとして占領下の憲法改正を認めたとすれば、主権を回復した暁《あかつき》には、なおさらのこと憲法の見直しが、真の独立達成のため緊急を要したのである。**

昭和二十年十月に成立した幣原《しではら》内閣は、当初「五箇条の御誓文の精神に則り国民の基本的権利を尊重し、言論・集会・結社の自由を完全に回復し、民主主義政治の確立を期す」と表明し、現行憲法（大日本帝国憲法、以下「明治憲法」という。）は十分に民主的な憲法であり、その改正は必要ないと認識していた。しかし、厳しい言論統制と検閲を敷いていた占領軍の圧力には抗しきれず、「憲法改正」を受け容れざるを得なかったのである。それは、決して日本国民の自由に表明した意思に基づくものではなかったにもかかわらず、その事実は、その後、占領下憲法がはじめて日本に民主主義を実現したものであるかのように思い込まされるにつれて――それこそ占領軍による言論思想統制と情報操作の結果に他ならない――、次第に軽視され、無視され、さらに忘れ去られてきたのである。まさに、そこから根本的に見直さなければならない。

後に見るように、米国はポツダム宣言受諾を事実上の無条件降伏として扱《あつか》っていたのであるが、そもそも言葉の意味通りの無条件降伏ならば、講和条約によって主権を回復し得るのかどうかさえ不明である。現実には、米国の占領目的が、「無条件降伏」の遂行による日本弱体化から、東西対立の中で日本を西側陣営の一員として復興自立させることへと変更されたために、わが国は独立を回復し得たのである。しかし、「無条件降伏」による占領下憲法を見直すこともなく半世紀以上を過ごしてきた帰結として、遂に真の独立国としての自立を果たせずにいるのが、今日のわが国の姿に他ならないのである。今日のわが国の有様でよいと考える人たちとは、憲法問題をともに語ることはできない。

以上の観点に立って、以下、占領下憲法制定の過程を振り返ることにする。

第二節　「憲法改正」動向の始まり

アメリカ政府は、日本降伏の数年前（開戦前ともいわれる）からわが国の、憲法改正の方針を検討していたし、マッカーサーの占領軍司令部（ＧＨＱ）は、占領開始直後に、元首相国務大臣の近衛文麿《このえふみまろ》に憲法改正の検討を指示している。近衛は、京都帝国大学の佐々木惣一《そういち》名誉教授に依頼して改憲草案を準備したが、マッカーサーは、その指示を取り消している。というよりも、その指示をしなかったことにしているのであるが、そのため梯子《はしご》を外された近衛・佐々木案は宙に浮いてしまったのである。マッカーサーは、近衛に対する指示が本国政府（国務・陸海軍省）の方針決定に先走ったものであり、さらに近衛が戦犯に指定されることとなり、そのフライングを隠すために近衛を切り捨てたといわれる。そしてこの後、マッカーサーは、憲法問題を（本国政府の意向を離れて）ＧＨＱ内で独自に取扱うことに意を決したということである。

東久邇宮《ひがしくにのみや》内閣の総辞職を受けて成立した幣原内閣は、ＧＨＱと「世論」の圧力の前に憲法の調査を進める委員会を設置し、やがて各委員の改憲案も作成されるに至った。委員長松本烝治《じょうじ》（国務大臣）の名前から「松本委員会」と呼ばれている。調査委員会のメンバーは代表的な憲法学者等で構成され、宮澤俊義《みやざわとしよし》（東京帝国大学法学部教授）はその一人である。

松本委員長は、帝国議会の答弁において、個人的見解と断りながら、憲法改正の四原則を提示した。その要点は次の通りである。（昭和二十年十二月八日・衆議院予算委員会）

①天皇が統治権を総攬《そうらん》すると云う大原則は、何等変更しない。

②議会の決議を必要とする事項（議会の協賛、承諾など）は拡充する。いわゆる（天皇の）「大権」事項なるものは、結果としてある程度の制限をされることになる。

③国務大臣の責任が国務全般にわたるものであることを明確にし、国務大臣は帝国議会に対して責任を負い、議会で信任されない国務大臣は、その地位に留まれないこととする。
④人民の権利とその保護規定を拡充する。人民の権利を制限する必要のある場合は、議会の制定する法律によらなければならないこととする。

これに対して、質問をしていた中谷武世《なかたにたけよ》議員は、貴族院・枢密院《すうみついん》をどうするか、という更に用意していた質問をあえて控え、松本大臣の踏み込んだ答弁に謝意を表して、質問を終えている。

第一点の、天皇の統治権の総攬というのは、明治憲法第四条の規定であり、（天皇が）国の統治・国政を一手に掌握し執り行うという意味である。参考のため、明治憲法の第一条から第四条までをここに掲げる。

資料一・1

第一條　大日本帝国ハ万世一系《ばんせいいっけい》ノ天皇之《これ》ヲ統治ス
第二條　皇位ハ皇室典範《こうしつてんぱん》ノ定ムル所ニ依《よ》リ皇男子孫《こうだんしそん》之ヲ継承《けいしょう》ス
第三條　天皇ハ神聖ニシテ侵スヘカラス
第四條　天皇ハ国ノ元首ニシテ統治権ヲ総攬《そうらん》シ此《こ》ノ憲法ノ條規ニ依リ之ヲ行フ

第三条の「神聖にして侵すべからず」というのは、天皇の「神性」を意味するものではなく、「侵すべからず」とは立憲君主は政治的責任を問われないこと（「無答責」）を意味する常套句である（実際には誤解を招きやすいので、改憲に際して各方面から表現の変更又は削除が提案されていた）。第四条の「統治権の総攬」として天皇の行うべき「大権」の内容が、第五条から第十六条に規定されているが（章末の資料一・8参照）、実際には、

第五十五條　国務各大臣ハ天皇ヲ輔弼《ほひつ》シ其《そ》ノ責ニ任ス
2　凡《すべ》テ法律勅令《ちょくれい》其ノ他国務ニ関ル詔勅《しょうちょく》ハ国務大臣ノ副署ヲ要ス

という規定により、天皇の大権が恣意的に行使されることはない仕組みになっている。ここの「補弼」というのは、「天子の政治を助ける」という意味で、立憲君主の政治を大臣が補佐することに使用される語である。また、国務大臣の副署のない詔勅は無効ということである。つまり、君主（天皇）は、政治的責任を負う行動はできず、政治上の実質的権限は補弼者にあり、従って責任も補弼者が負うことになっているのである（天皇の専制などあり得ない）。しかし、国務大臣の責任権限及びその議会による統制は、これらの規定だけでは不十分であった。明治憲法には、内閣および内閣総理大臣についての規定はなく（従って総理大臣の国務大臣に対する指揮権も規定されていない）、国務大臣の権限規定も（議会への出席と発言の権利を除き）この条文だけなのである。その上、

第五十六条　枢密顧問《すうみつこもん》ハ枢密院官制《すうみついんかんせい》ノ定ムル所ニ依リ天皇ノ諮詢《しじゅん》ニ応ヘ重要ノ国務ヲ審議ス

という規定により、枢密院（天皇の最高諮問機関）が、事実上議会に対抗する勢力として存在していた。さらに、内閣総理大臣任命に係る輔弼《ほひつ》（推薦上奏）の権限は、議会に対して責任を負わない元老、重臣または内大臣にあった。大正時代に政党政治が発展し、議会内で多数を占めた政党の党首が総理大臣に任命されるようになったが、その慣習が十分に確立されるには至らなかった。

特に、「陸海軍大臣は現役武官でなければならない」という規則が存在（復活）していた時期（昭和十一年以降）には、天皇から組閣を命じられても陸海軍の同意がなければ陸海軍大臣の任命ができず、両大臣の推薦を拒否されれば組閣は不可能になり、政権と国政が、事実上軍部の意思に左右される事態に立ち至ったのである。

また軍部が政治を左右するに至ったそれ以前の要因として、天皇の統帥権《とうすいけん》（用兵・作戦等に対する指揮権。明治憲法第十一条、**資料一・8参照**）に対する軍部（統帥部＝陸軍参謀本部及び海軍軍令部）による補佐（「補翼《ほよく》」といった）が、慣習上（つまり、憲法の明文規定ではない）国務大臣の輔弼と独立した権能（「帷幄《いあく》上奏権《じょうそうけん》」という）として認められていたことが指摘される。すなわち、それを根拠に「統帥権の独立」が主張され、政府や議会が軍事に関与することは「統帥権の干犯《かんぱん》」として非難された。ときには、明治憲法第十二条の「陸海軍の編成及び常備兵額」を定める天皇大権まで「統帥権」に含める解釈さえ主張された。敗戦によって軍部が解体されたため、そのような憲法の運用上及び拡張解釈の弊害は、とりあえず当時解消されていた。

松本四原則の第二・第三点の背景には、右のような状況があったのである。

参考資料として、明治憲法第五条以下の天皇大権に係わる規定と、それに対応する「日本国憲法」第七条を、この章末に掲げておく。

次に、松本委員会の改憲私案のうち、松本案と宮澤案それぞれの第一条から第四条までを掲げる（昭和二十一年一月四日提出のもの）。

資料一・2

（松本案）

第一条　大日本帝国ハ万世一系ノ天皇之ヲ統治ス

第二条　皇位ハ皇室典範ノ定ムル所ニ依リ皇男子孫之ヲ継承ス

第三条　天皇ハ至尊ニシテ侵スヘカラス

第四条　天皇ハ国ノ元首ニシテ統治権ヲ総攬シ此ノ憲法ノ条規ニ依リ之ヲ行フ

（宮澤案）

第一条　日本国ハ君主国トス

第二条　天皇ハ君主ニシテ此ノ憲法ノ条規ニ依リ統治権ヲ行フ

第三条　皇位ハ皇室典範ノ定ムル所ニ依リ皇男子孫之ヲ継承ス

第四条　天皇ハ其ノ行為ニ付責ニ任スルコトナシ

（別案）何人モ天皇ノ尊厳ヲ冒瀆《ぼうとく》スルコトヲ得ス

松本案が、第三条の傍線部分「神聖」を「至尊」と変えただけなのに対して、宮澤案はそれなりの変更が認められる。この宮澤案が、二月一日の毎日新聞に「政府案」としてスクープされることになる。

占領下憲法改正の是非はともかくとして、国民の間に憲法改正の要望が起こっていたことも事実である。戦時中における言論統制、軍部・憲兵の横暴、議会制・政党政治への圧迫などに対する反動、また、識者の間には、戦前から明治憲法の欠点は認識されており、ポツダム宣言の受諾が刺激となって、改憲の機運が生まれてくる必然性もあった。昭和二十年の末から翌年初頭にかけては、憲法問題で国内各層各派の動きが漸く台頭しつつあった時期である。その中の一つに、昭和二十年十月、高野岩三郎の提案により結成され、鈴木安蔵、森戸辰男らが参加した憲法研究会の案は、占領軍が最も注目したものといわれる（十二月二十六日、内閣へ届け、記者団に発表）。その最初の五ヵ条は次の通りである。

資料一・3

一、日本国ノ統治権ハ日本国民ヨリ発ス

一、天皇ハ国政ヲ親《みずか》ラセス国政ノ一切ノ最高責任者ハ内閣トス

一、天皇ハ国民ノ委任ニヨリ専ラ国家的儀礼ヲ司ル
一、天皇ノ即位ハ議会ノ承認ヲ経ルモノトス
一、摂政ヲ置クハ議会ノ議決ニヨル

第三節　占領軍起草憲法の押し付け

前節で述べたとおり、昭和二十年末から翌二十一年の初頭にかけて憲法問題で国内各層各派の動きが活発化しつつあったが、幣原内閣においては、なお閣内一致の方針は見出せないでいた。先に見た「松本案」「宮澤案」も私案に過ぎない。そして、占領軍の催促を得て、一月二十九日から「松本案」を基礎に統一見解をまとめるため、検討が進められることとなっていた。まさにその矢先の二月一日、毎日新聞のスクープを切っ掛けに状況が一転する。「宮澤案」が政府の改憲案として報道されたのである。

その結果、各方面から（といっても当時の言論統制＝検閲下の報道の表面に現れたものに過ぎないが）、余りに保守的な案であると攻撃された。ＧＨＱにおいても「世論」の動向を注意深く観察していたという。そして、数日後には、ＧＨＱ自身が秘密の改憲草案起草プロジェクトを発足させ、一週間でそれを完成させることになる。それは、今日では誰もが知る所となっているが、当時においては、一般国民はもちろん、幣原内閣の閣僚も全く予想できなかったのは当然である。

毎日新聞のスクープをうけて、幣原内閣は、ＧＨＱにオフレコを条件に憲法問題の会談を申し入れたが拒否された。ようやく二月八日、先に「松本案」を基礎にまとめた「政府案」をＧＨＱに渡すことができた。そして、二月十三日、それに対するＧＨＱの回答なりコメントを受け取ることを期待して、吉田外務大臣と松本憲法問題調査委員長は、外務大臣官邸に待機していた。すでに、ＧＨＱが改憲草案を起草し、完成させていたなどとは夢にも想像することなく。

この時の会談の模様は、ＧＨＱ側の詳細な記録があるので全文を紹介する（高柳賢三・大友一郎・田中英夫編著『日本国憲法制定の過程Ｉ原文と翻訳』一九七二年十一月刊、有斐閣より。以下『制定過程Ｉ』）。［　］内は訳者の注又は補足、（　）内は引用者のもの。Ａ、Ｂ、Ｃ…は原文にはないが、分割してコメントするために引用者が付した。なお、末尾の署名者を、冒頭に記した。この三名は、ホイットニー将軍とともに、草案起草の中心人物である。

一九四六年二月十三日、最高司令官に代わり、外務大臣吉田茂氏に新しい日本国憲法草案を手交した際の出来事の記録

チャールズ・Ｌ・ケイディス陸軍大佐
マイロ・Ｅ・ラウエル陸軍中佐
アルフレッド・Ｒ・ハッシー海軍中佐

A

われわれは、ホイットニー将軍に従い、午前10時きっかり外務大臣官邸に到着した。外務大臣を補佐していた白洲（次郎）氏が、われわれを邸内に招じ入れ、サンルームに案内した。そこには、外務大臣の吉田氏、国務大臣で政府の憲法問題調査委員会の委員長である松本博士、および通訳に当たる外務省の長谷川〔元吉〕氏がいた。彼等は立ち上がってわれわれを迎えたが、そのテーブルの上には、紙やノートがちらかっていた。それは先にホイットニー将軍に提出された松本案に関するものと思われた。

ホイットニー将軍は太陽を背にして坐った。日本側は彼と向きあって坐ったので、その顔が明るく照らされた。われわれは、ホイットニー将軍と並んで、やはり日本側と向き合って、坐った。席につくや否や、ホイットニー将軍は、一語一語念を押すようにゆっくりと次のように発言し、松本案についての討議を迎えた。

「先日あなた方が提出された憲法改正案は、自由と民主主義の文書として最高司令官が受け容れることのまったく不可能なものです。しかしながら、日本国民が過去にみられたような不正と専断的支配から彼らを守ってくれる自由で開明的な憲法を非常に強く必要としていることを十分に了解している最高司令官は、ここに持参した文書を、日本の情勢が要求している諸原理を具現しているものとして承認し、私にこれをあなた方に手交するように命じました。この文書の内容については、あとでさらに説明しますが、それをあなた方が十分理解できるよう、私も私の属僚もここで退席し、あなた方が自由にこの文書を検討し討議できるようにしたいと思います」

ホイットニー将軍のこの発言に、日本側の人々は、はっきりと、ぼう然たる表情を示した。特に吉田氏の顔は、驚愕と憂慮の色を示した。この時の全雰囲気は、劇的緊張に満ちていた。

次いでホイットニー将軍は、われわれの方を向き、憲法草案を自分に渡すように命じた。そしてコピー番号6号が吉田氏に、7号が松本博士に、8号が長谷川氏に、手交され、9ないし20号が白洲氏に渡された。白洲氏は全員のために、受領書に署名した。

10時10分に、ホイットニー将軍とわれわれは、サンルームを去り、陽光を浴びた庭に出た。その時、アメリカの飛行機が1機、上空を飛び去った。15分ほどたって、白洲氏がわれわれと一緒になったが、その際ホイットニー将軍は、もの静かに、「われわれは、戸外で原子力の起こす暖〔＝太陽の熱〕を楽しんでいるのです」と言った。

白洲氏がサンルームからこちらに来るまでに、日本側の全員が憲法草案を詳しく読み、吉田氏と松本博士がいろいろと指摘し、この提案について討議しているということが、みて取れた。

（コメント）

この文章全体が、新憲法草案という爆弾を投げ込んだ勝利者、征服者のものである。

陽光を浴びた庭に出た時アメリカの飛行機が一機飛び去ったとはなにか。憲法草案は爆撃機によって届けられたとでもいうのか？
太陽光が原子力の起こす暖だと。われわれは原爆でおまえ達を征服したとでもいいたいのか？

B

10時40分に、白洲氏は両大臣の討議に加わるよう呼び戻された。そして数分後、白洲氏は再びあらわれて、両大臣は用意ができたと告げた。そこでわれわれはサンルームに戻り、もとの場所を占めた。

松本博士は、通訳を介して、草案を読んでその内容は分かったが、自分の案とは非常に違うものなので、総理大臣にこの案を示してからでなければ、なにも発言できない、と述べた。

ここでわれわれは、松本博士が自分の案について作成した説明資料が、すべて取りまとめて封筒の中に戻してあることに気がついた。そして以後の討議中、この説明資料には一度も手に触れられることはなかったのである。外務大臣の顔は、暗く厳しかった。そしてこの表情は、この後の討議中ホイットニー将軍が話している間、変わることがなかった。通訳者の表情は、会議中ずっと、まったく生気のないままだったが、彼が話すときに生理的困難を感じ、たえずその唇を濡していることが、気に留った。松本博士は、ホイットニー将軍の話すすべてのことに、非常に注意深く聴き入っていたが、その間ずっと、われわれの方をみており、一度もじかにホイットニー将軍を見ることはなかった。吉田氏は、熱心にホイットニー将軍を見つめていたが、時折り横目でわれわれの方をちらと見た。彼の視線は、われわれのうちの一人のところまで来ると、すぐに〔ホイットニー将軍の方に〕戻っていった。ホイットニー将軍の発言中、白洲氏は、鉛筆でたくさんノートを取った。

冒頭に松本博士が〔総司令部側の〕憲法草案を完全に理解したと述べたのをうけて、ホイットニー将軍は、自分は非常にゆっくりとしゃべるが、もし松本博士に分からない点があれば、いつでも私の発言をさえぎっていただきたい、というのは、吉田氏だけでなく松本博士にも、自分のいうことを一語残らず理解して欲しいからである、と述べた。通訳者がこの部分を松本博士に通訳しないうちに、博士は、将軍のいわれることは分かったが、この憲法案の説明書が用意できているかどうかを知りたいと述べた。ホイットニー将軍は、説明書はないが、草案はその文言上意味明瞭で、誤解のおそれのない、分かり易いものであると述べた。

次いでホイットニー将軍は、次のように述べた。

「さて、みなさんにこの文章の内容をよくみていただいたわけですが、これまでどおりわれわれはすべて手のうちを見せあって行きたいと思いますので、最高司令官がこの文書をあなた方に提示しようと考えるにいたった真意と理由とについて、若干説明を加えたいと思います。最高司令官は、最近各党が公にした政綱が憲法改正を主たる目的としていることを知り、また国民の間に憲法改正が必要だという認識が次第に高まっていることを知りました。国民が憲法改正を獲得できるようにするというのが最高司令官の意とするところであります」

（コメント）

冒頭に示した署名人の一人マイロ・E・ラウエル中佐は、明治憲法の運用面についての調査を行い、記録を残している。憲法の専門家ではないから明治憲法の歴史的な評価など的確にできるわけはないが、日本の民主主義の後退の原因となった憲法の規定と運用の欠点を指摘している。その文書には次の記述がある。

「以下の提案は、全く仮のものである。この提案の基礎になった材料は、一部には個人に面接したものもあるが、大部分は文書の形になっているものである。日本の憲法の権威――特に自由主義的傾向を有するといわれている人々――と会談を重ねて、さらに調整を進めることは、非常に必要なことである。」

「ここに示した結論と提案は、動かすべからざるものというわけではない。憲法の権威者や政府の代表者と会談する際の基礎となるような一応のチェック・リストを示すことにある。憲法改定があった際には、それは全体として解釈されるべきであり、ここに述べた提案が取り入れられているか取り入れられていないかということだけで、その改正提案の妥当性を判断してはならない。」

最高司令官は、このような、まともで謙虚な部下の提言をかなぐり捨てて、改憲草案の起草を強行したわけである。ラウエル自身も自らの見解に反して、起草に参加したことになる。

それにしても「これまでどおりわれわれはすべて手のうちを見せあって行きたい」とは、よく言ったものである。

C（以下「　」内はホイットニー将軍の話である）

「あなた方が御存知かどうか分かりませんが、最高司令官は、天皇を戦犯として取調べるべきだという他国からの圧力、この圧力は次第に強くなりつつありますが、このような圧力から天皇を守ろうという決意を固く保持しています。これまで最高司令官は、天皇を護ってまいりました。それは彼が、そうすることが正義に合（致）すると考えていたからであり、今後も力の及ぶ限りそうするでありましょう。しかしみなさん、最高司令官といえども、万能ではありません。けれども最高司令官は、この新しい憲法の諸規定が受け容れられるならば、実際問題としては、天皇は安泰になると考えています。さらに最高司令官は、これを受け容れることによって、日本が連合国の管理から自由になる日がずっと早くなるだろうと考え、また日本国民のために連合国が要求している基本的自由が、日本国民に与えられることになると考えております」

（コメント）

多少遠回しな表現をしているものの、改憲草案を受け容れなければ、天皇が戦犯にされないとは限らない、と脅迫されていることが分かるだろう。後に松本博士は、この時のホイットニーは「パーソン・オブ・ゼ・エムペラーの保障をなすことあたわず」（つまり天皇の御一身」を護る保障はない）という言葉を述べたと語っている。これに対して吉田外相、白洲氏とも、そのような言葉は記憶にないと答えている。それは講和後の調査であり、憲法擁護の立場に転じていた吉田と、その側近の白洲の発言であり、そのまま松本の言うことの否定になるとは受け取り難い。また、そのような言葉の詮索をしなくとも、当然この草案を拒否すれば天皇が戦犯にされる危険が高まるものと判断することは当然である。後にみるとおり、この草案を受け容れなくとも、GHQがその気になりさえすれば天皇の御一身を護ることはできる情勢だったのであるが、天皇を人質同然にして脅迫していたのである。

その上、この憲法を受け容れたにもかかわらず、その後の経過をみれば、「連合国の管理から自由になる日がずっと早く」なったとは、とても言えないであろう。

D

「最高司令官は、私に、この憲法をあなた方の政府と党に示し、その採用について考慮を求め、またお望みなら、あなた方がこの案を最高司令官の完全な支持を受けた案として国民に示されてもよい旨を伝えるよう、指示されました。もっとも、最高司令官は、このことをあなた方に要求されているのではありません。しかし最高司令官は、この案に示された諸原則を国民に示すべきであると確信しております。最高司令官は、できればあなた方がそうすることを望んでいますが、もしあなた方がそうされなければ、自分でそれを行うつもりでおります。みなさん、最高司令官は、この文書によって、敗戦国である日本に、世界の他の国々に対し、恒久的平和への道を進むについての精神的リーダーシップをとる機会を提供しているのであります。」

「マッカーサー将軍は、これが、数多くの人によって反動的と考えられている保守派が権力に留まる最後の機会であると考えています。そしてそれは、あなた方が左に急旋回［してこの案を受諾］

することによってのみ、なされうると考えています。そしてもしあなた方がこの憲法草案を受け容れるならば、最高司令官があなた方の立場を支持することを期待されてよいと考えております。この憲法草案が受け容れられることがあなた方が〔権力の道に〕生き残る期待をかけうるただ一つの道であるということ、さらに最高司令官が日本国民はこの憲法を選ぶかこの憲法の諸原則を包含していない他の形の憲法を選ぶかの自由を持つべきだと確信されていることについては、いくら強調しても強調しすぎることはありません。」

ホイットニー将軍が話している間じゅう、吉田氏は、両方の掌をズボンにこすりつけ、これを前後に動かしていた。ホイットニー将軍は、非常に慎重に、かつ強い確信をもって、極めて荘厳に語り、日本側に深い感銘を与えたことは、明らかであった。ホイットニー将軍は、話し終って、松本博士が一度も通訳の助けを借りなかったことを話題とした。松本博士はこれに応えて、自分はホイットニー将軍の言ったことはすべて完全に理解したが、このことを総理大臣に知らせ、かつ憲法草案について検討し討議する機会をもつまでは、ホイットニー将軍に回答することはできないと述べた。そういいながら松本博士は、分からない点が一点あるとし、通訳者を通して、一院制を定めた規定について議論を始めた。

（コメント）

この草案を、日本政府の案と見せかけることを許すが、そうしなければGHQ自らが国民に提案するぞ、といっている。それについて、ホイットニーが「それを要求するものではない」といっているのだから強制しているのではない、と解釈する研究者がいるのだが、浮世離れした不思議な感覚という外はない。

「反動的と考えられている保守派が権力に留まる最後の機会」とは、まさに脅しそのものであるが、政府がこの案を受け容れたにもかかわらず、松本博士は公職追放となる。吉田が追放を免れたのは、衆議院選で第一党になった自由党の党首鳩山一郎が追放されたため、その後釜を引き受けた吉田を続けて追放するわけには行かなかったからに過ぎない。しかも、一旦憲法が成立してしまうと、保守派吉田自由党政権の継続を許さず、社会党を権力の座に押し上げるべく策動したのであり、ホイットニーの脅迫が嘘の上に立っていることが分かる。

次に、一院制の問題であるが、松本博士は、象徴天皇、戦争放棄等の重要問題を避けて、一院制のような比較的軽い問題のみを取り上げたかのように報道されがちであるが、それは違う。何かと松本博士を貶めて、あたかも松本博士の甘い見通し、保守的な態度が、GHQの強硬姿勢を誘発したかのように言われがちなので、注意が必要である。

主要問題については、それに賛成であれ反対であれ、一応の理解が可能であり、それについては総理大臣に報告してからでなければ意見を述べられない、といっているのであり、それに対して何故一院制にしたのか理解しがたかったから質問したのである。GHQにして見れば、彼らにとってはどちらでもよい問題で、日本側の意見を採り入れる姿勢を見せかける誘いの隙であったのであろうが。

E　二院制の議論は傍流の問題ではあるが、ホイットニーがどのように語ったのか、省略せずに引用する。

松本博士は、手交された憲法草案中の国会に関する規定について、そこでは一院制が採られているが、日本の立法府の歴史的発展とは全く無縁のものである。従ってどういう考えでこの条文が作られたかを知りたい、と述べた。

これに対して、ホイットニー将軍は、次のように答えた。〔この憲法草案によれば〕華族制度は廃止されることになっているので、貴族院は必要でなくなるし、憲法の他の箇所に示されている抑制と均衡の原理のもとでは、一院制の議会をおくのが一番簡明な形態だと考えた。また日本には、合衆国と異なり、面積や人口にかかわりなく各州が平等の代表を出す上院を作り、大きく人口の多い州の代表が下院で多数を占めて権力を握ることに対する抑制たらしめねばならぬという事情がない、と。

これに対し、松本博士は、他の諸国も、その多くが、議会の運営に安定性をもたらすため、二院制を採用している。もし一院のみだったら、ある党が多数をえたら一方の極に進み、次いで他の党が多数をえたら逆の極に進むということになる。従って、第二院があれば、政府の政策に安定性と継続性とがもたらされる、と述べた。ホイットニー将軍は、松本博士が二院制の長所について述べたような点について、最高司令官は十分に考慮するであろうし、この憲法の基本原則を害するものでない限り、博士の見解について十分討議がなされるであろうと述べた。ホイットニー将軍はさらに繰り返して、自分は、この憲法草案がそのままの形で受け容れられなければならないといっているのではなく、ただどんな憲法草案でも、最高司令官の支持を受けるには、この文書に盛られている基本原則がすべて織り込まれなければならない、という意味であると述べた。

松本博士は、議論は、本日行きうるところまで行ったものと思うと述べた。

（コメント）

二院制問題は、ＧＨＱの「寛容さ」を演出するための策であったことは明白であろう。

蛇足ながら、松本博士がＧＨＱの出方を正確に予想できず、自らの改憲案に固執したことの「愚かさ」を批判する向きもあるが、本来の政治家（戦前の閣僚・議員の経験者等）でもない松本博士にＧＨＱの行動を予測する責任は問い得ない。正常な良識なら絶対になしえないようなＧＨＱの行動を見通せないのは、松本博士が正常な良識の持主であることを示すものである。まして、松本博士の「愚かさ」を理由にＧＨＱの行為を弁護することなど許されてはならない。

F

ここで外務大臣吉田氏は、〔通訳を介さず〕直接ホイットニー将軍に対し、この件についてはすべて総理大臣に報告せねばならぬこと、および総理大臣および閣僚の意見も徴してからこの件についての次の会議の機会をもちたい旨を述べた。ホイットニー将軍は、次のように答えた。

「大臣閣下。あなたがこの件を他の閣僚に報告したいと望まれること、およびこの草案の各条項を検討する時間的余裕が欲しいと思われることは、もちろん、もっともなことだと思います。この件が他の諸件に先立って取りあげられることを望むという点では、あなたも最高司令官と同意見であることを、固く信じます。最高司令官は、憲法問題は総選挙よりもかなり前に国民に示されるべきであり、かつ国民は憲法改正問題につき自由にその意思を表明する機会を十分に与えられるべきだと、確信しております。前に申しましたように、マッカーサー将軍は、この案の提出を日本政府の手に委ね、最高司令官がそれを強く支持するという方法をとる用意がありますが、もしそういう手段がとられなかったときには、必要なら、自らこの案を日本国民に提示する用意があります。この憲法の中で明らかにされている諸原則は、日本における自由で民主主義的な政治とポツダム宣言の諸条項実施との基礎となるものであり、従ってこの憲法は、最高司令官および連合国が日本の政治の基礎として受け容れてよいと考えている諸原則を示しているものなのであります。」

ホイットニー将軍は、われわれの方を向いて、何かつけ加えることはないかと訊ね、つけ加えることはないという返事をえた後、吉田茂氏に次のように言った。

「御便利なように、この草案のコピーを15通おいてまいります。次の会談の日取りについて後で知らせて下さい。私も私の属僚も、あなた方に都合のよい日にいつでも会談できるよう、用意しておくことを約束します。」

外務大臣は、本件を秘密にしておいて欲しいという希望を述べた。これに対し、ホイットニー将軍は、次のように答えた。

「大臣閣下。秘密は、最高司令官のではなくあなた方の便宜を計りあなた方を護るために、これまで守られてきましたし、これからも守られるでしょう。では、皆さん、さようなら。この会見の機会を与えて下さったことを感謝します。ご返事をお待ちいたします。」

ホイットニー将軍は、立ち上がって帰る時に、白洲氏に帽子と手袋を取って来てもらいたいと言った。白洲氏はふだんは非常に穏やかで優雅な人だが、あわてて玄関の近くの控えの間に走って行き、そこでわれわれの帽子と手袋をヴェランダの隣りの書斎に置いたことを思い出して、急いで戻って来、ホイットニー将軍の帽子と手袋をとり、極度の精神の緊張をあらわしながら、ホイットニー将軍に渡した。

以下に署名したわれわれは、11時10分に、ホイットニー将軍に随行して、外相官邸を辞した。

［署名］（冒頭に記す。）

（コメント）

「この件が他の諸件に先立って取りあげられることを望むという点では、あなたも最高司令官と同意見である」と信じる、というが、GHQに草案を押し付けられた以上、他の諸懸案を措いて憲法問題を優先せざるを得ないではないか。

「秘密は、最高司令官のではなくあなた方の便宜を計りあなた方を護るために」守られる、とは（！）。

GHQの検閲指示文書、いわゆるプレスコードに、憲法草案をGHQが起草したことに言及することを禁止する一項目がある。

ホイットニー以下米国側は、強気に、半ば日本側を見下しながら脅迫を繰り返し、恩着せがましい態度であったと見ることができるだろう。

幣原内閣にとって「マッカーサー草案」は文字通り青天の霹靂《へきれき》であり、数日間は閣僚にも秘匿《ひとく》され、十九日の定例閣議にいたって漸く報告された。ここで松本国務大臣は十三日のホイットニーらとの会見の模様を報告するとともに、先に提出した自案の追加説明書（「マッカーサー草案」に対する反論）を起案したことを明らかにし、その内容を説明した。その本文は格調高い文語体であるが、その適切な要約が記録されている二月十九日付『芦田均日記』から、その要点と閣議の模様を引用する（原文の英語又はドイツ語表記の部分は〈　〉内の日本語表記に改めた）。

一、米英は〈民主主義的憲法《デモクラティック・コンスティチユーション》〉を持つ国であるが、それでも両国の憲法には大差がある。それと欧州列強の憲法ともかなりの相異がある。理由は専ら国情を異にするからである。凡そ一国の法制はその国独自の発達によつて成るものである。他国から移入した制度は容易に根を張るものではない。例へば中南米諸国はアメリカ憲法に模して〈大統領制民主主義《プレジデンシャル・デモクラシー》〉を採用したが絶えず武力革命によつて動揺してゐる。そして結果に於て〈民主主義的制度《デモクラティック・インスティチユーション》〉に到達し得ない。ドイツの〈ワイマール〉憲法も亦《また》同様であつて、この条項が実行さるればドイツは純然たる〈民主主義的国家《デモクラティック・カントリー》〉

になつた筈《はず》である。然《しか》るに間もなく〈ナチス〉の専制政治に堕した。これも国情を異にするものが外国の制度を植付けんとして失敗した例である。

二、以上の例によれば、憲法は国民性を基礎とすることに依つてのみ其《その》持久性をもつのである。然らざれば専制政治又は暴民政治に化して了《しま》ふ。各国法は原則を同じくするも形式と内容は必ずしも同一ではない。それは恰《あたか》も植物と同様であつて、欧米のバラ樹も日本に移植すれば間もなく其香《そのかおり》を失ふのと同じである。

三、松本案は極めて簡素であつて、且微温的であるけれども、其内容は略《ほぼ》イギリス型の立憲政治を覗《うかが》つてゐる。これは保守派の無用の反対をさくる為めである。而《しか》も実際の適用を見るときは旧憲法に比して革命的な変化といふべきである。〈民主主義的制度《デモクラティック・インスティチューション》〉は憲法法文の決定するものではなくて、国民の政治的教育と意慾とによるものである。故に反動をさけよふとならば改革は須《すべから》く漸進主義によらねばならぬ。

修正案は全く以上の趣旨に基くものであつて日本には今尚《な》ほ反動思想的底流あるを知るが故にかような形にしたものである。修正を要すべきものあらば具体的に御指示を希望す云々、と。

この〈覚書《ノート》〉は二月十八日に使を以て〈ホイットニー〉に送届けた。其際〈ホイットニー〉は使者に向つて、『松本修正案は〈司令部《スキャップ》〉案とは異なる。〈原理《プリンシプル》〉と〈基本形態《ベーシック・フォーム》〉とが〈受容可能《アクセプタブル》〉なりや否や、水曜日（二十日）午前中に返事を求む、もし〈受容可能《アクセプタブル》〉でなければ、米国案を発表して輿論《よろん》に問ふこと、する』と」。

（『芦田均日記第一巻』一九八六年・岩波書店刊・七六ページ）

この日の閣議は、「マッカーサー草案」の受け入れを決めるには至らなかった。幣原総理、その他の閣僚に「吾々は之を受諾できぬ」という意見があったという。芦田は、「若しアメリカ案が発表せられたならば我国の新聞は必ずや之に追随し賛成するであらう、其際に現内閣が責任はとれぬと称して辞職すれば、米国案を承諾する連中が出てくるに違ひない……」と発言、だが遅疑は許されない。総理が早急にＧＨＱを訪問することに決定。二十一日に訪問、二十二日の閣議でその模様が報告された。

（二十一日の幣原・マッカーサー会談）

〈マッカーサー〉は先づ例の如く演説を初《ママ》めた。

「吾輩《わがはい》は日本の為めに誠心誠意図って居る。天皇に拝謁して以来、如何にしても天皇を安泰にしたいと念じてゐる。（中略）然し〈極東委員会《ファー・イースタン・コミッション》〉の〈ワシントン〉に於ける討議の内容は実に不愉快なものであったとの報告に接してゐる。それは総理の想像に及ばない程日本にとって不快なものだと聞いてゐる。自分も果していつ迄此の地位に留まりうるや疑はしいが、其後がどうなるかを考へる時自分は不安に堪へぬ。

ソ聯と濠州《ごうしゅう》とは日本の復讐戦を疑惧《ぎぐ》して極力之を防止せんことを努めてゐる。

米国案は憲法を〈公布《プロクレイム》〉するのは天皇であるとしてゐるし、第一条は天皇が相承けて帝位に留られることを規定して居る。従つて日本案との間に超ゆべからざる溝ありとは信じない。むしろ米国案は天皇護持の為めに努めてゐるものである。

吾等が〈基本形態《ベーシック・フォーム》〉というのは、第一条と戦争を抛棄すると規定するところに在る。（第一条に）主権在民を明記したのは、従来の憲法が祖宗相承《そそうあいう》けて帝位に即かれるといふことから進んで国民の信頼に依つて位に居られるといふ趣意を明かにしたもので、かくすることが天皇の権威を高からしめるものと確信する。

又軍に関する規定を全部削除したが、此際日本政府は国内の意嚮《いこう》よりも外国の思惑を考へる可きであつて、若し軍に関する条項を保存するならば、諸外国は何と言ふだらうか、又々日本は軍備の復旧を企てると考へるに極つてゐる。

日本の為めに図るに寧ろ第二章（草案）の如く国策遂行の為めにする戦争を抛棄すると声明して日本が〈精神的指導権《モラルリーダーシップ》〉を握るべきだと思ふ」。

幣原は此時語を挿んで〈リーダーシップ〉と言はれるが、おそらく誰も〈後続者《フォロアー》〉とならないだらうと言つた。

〈マッカーサー〉は、

「〈フォロワーズ〉が無くても日本は失う処はない。之を支持しないのは、しない者が悪いのである。松本案の如くであれば世界は必ず日本の真意を疑つて其影響は頗る寒心すべきものがある。かくては日本の安泰を期すること不可能と思ふ。此際は先づ諸外国の〈反応《リアクション》〉に留意すべきであつて、米国案を認容しなければ日本は絶好の〈チャンス〉を失ふであらう」。

第一条と戦争抛棄とが要点であるから其他については充分研究の余地ある如き印象を与へられたと、総理は頗る相手の態度に理解ある意見を述べられた。

幣原男（男爵——引用者）は〈マッカーサー〉に対し、主義に於て両案には相違なし、先日の案は松本氏が纏《まと》めた〈暫定的《テンタティブ》〉の案であって〈私の心は批判に対してオープンである〉と述べ篤と松本氏より説明を聴かれたしと言った。（中略）

以上の如き説明に対して松本国務相はかなり興奮の面持ちを以て意見を述べられた。

「〈基本形態《ベーシック・フォーム》〉が果して総理の言はれる如きものであるとしても之が〈ホイットニー〉等の意見であるかどうか確かめたい。（以下略）

（『芦田均日記』二月二十二日七八～九ページ）

この後、松本大臣が中心となってGHQと協議をして「日本政府案」を作成することになる。

第四節　憲法押し付けを何故急いだか

GHQは何故に改憲をこの時期強引に進めたのか。占領開始から約半年、ポツダム宣言の履行のために憲法改正をしなければ支障を来すような諸要因があったわけではない。先にコメントでも触れたように、結果から見て憲法改正によって占領終了の時期が早まったともいえない。また、食糧問題、失業問題、産業復興問題、インフレ問題等、急迫した問題が山積しており、国内問題における憲法問題の優先順位はむしろ低かった（あるいは、低くあるべきだった）と考えられる。

明白な理由は、前年十二月、モスクワで米英ソ三国外相会談が開かれ「極東委員会」（連合国各国の代表による日本占領の方針決定の委員会。ワシントンに存置。）の設置と、日本の憲法問題の管轄がその極東委員会に属するとの決定がなされたことである。つまり、憲法改正問題はＧＨＱの管轄外と決まったのである。

また、一月十一日、米政府の、国務・陸軍・海軍三省調整委員会の憲法改正の基本方針文書（ＳＷＮＣＣ《スウィンク》二二八／一月七日付）が送付されてきたことも、ＧＨＱを急がせた理由であろう。次に示す様な内容に従っていたのでは、憲法改正は極東委員会の方針と指示に従うほかなくなってしまうからである。

資料一・4

ＳＷＮＣＣ《スウィンク》二二八

（ａ）最高指令官は、日本政府当局に対し日本の統治体制が次のような一般的な目的を達成するように改革されるべきことについて、注意を喚起しなければならない。

以下、要約を記す。
1　選挙権を拡張し、選挙民に責任を負う政府を樹立すること。
2　政府（行政府）の権威は、選挙民に由来し、行政府は、選挙民または国民を完全に代表する立法府に責任を負うものとすること。
3　立法府は、予算の全項目について減額・増額・削減・新項目追加の権限を有すること。
4　予算は、立法府の明示的な同意によって成立するものとすること。
5　日本の統治権の及ぶ範囲内の全ての人に基本的人権を保障すること。
6　都道府県の職員のできるだけ多数を、民選又はその地方庁の任命とすること。
7　国民の自由意思を表明しうる方法で、憲法の改正または起草・採択をすること。
（b）最終的な政治形態は、国民の自由意思の表明により決定されるべきであるが、現行形態そのままの天皇制維持は、前述の全般的な目的に合致しないと考えられる。
（c）国民が天皇制を維持しないと決めた場合、（a）のほか、
①立法府の立法措置（憲法改正を含む。）に対する政府の拒否権は暫定的なものに限ること。
②閣僚は文民であること。
③立法府は、自身の意思で会議を開きうること。
（d）天皇制を維持すると決定したとき、（a）および（c）のほか、「安全装置」として、
①国務大臣は立法府の助言と同意に基づき任命され、立法府に連帯して責任を負う。

②内閣は立法府の信任を失ったとき辞職か選挙民に訴えるかのいずれかとする。
③天皇は重要事項につき、内閣の助言にもとづいてのみ行動すること。
④天皇の軍事上の権能を剥奪すること。
⑤内閣は、天皇に助言を与え、補佐するものとすること。
⑥皇室収入は国庫に繰り入れ、皇室費は、毎年予算に計上、立法府の承認を得る。

次、「　」内は全文である。

「最高司令官が先に列挙した諸改革の実施を日本政府に命令するのは、最後の手段としての場合に限られなければならない。というのは、前記諸改革が連合国によって強要されたものであることを日本国民が知れば、日本国民が将来ともそれを受け容れ、支持する可能性は著しくうすれるであろうからである。

（中略）連合国最高司令官は、前記の諸改革による日本における代表民主制の強化が永続することを確保するために、日本国民がこの変革を受け容れ易いようにする方法を考慮するとともに、変革の順序と時間の問題をも考慮しなければならない。

本文書は、公表されてはならない。（以下略）」

（高柳等『制定過程Ⅰ』より）

ＧＨＱ草案の起草は、まさに本国の指示、特に右の最後の文章に正面から逆らって強行された。しかも、そのＧＨＱ案を日本政府の案に見せかける大嘘の仕掛けが、嘘は大きければ大きいほど〝真実〟

になる、という法則を地でゆく結果をもたらしたのである。
ホイットニーは、極東委員会が憲法改正の方針を打ち出す以前に、日本政府自ら改憲の動きをしたことにすれば、憲法改正を「閣下の管轄下で実行することができます」という趣旨をマッカーサーに上申した。その上申に従って大至急GHQの改憲案が起草され、それを日本政府案とするよう強要されることになったわけである。そうしてまで憲法改正をGHQの管轄下で実行することにこだわったのは、マッカーサーの個人的野心（特に天皇の擁護と戦争放棄条項の制定者となる名誉欲）と、それを利用して「日本改造」計画を推進しようとしたホイットニー、ケーディス以下の左派ニューディーラーの欲望が重なったことによるものであろう（その影には、当然OSS＝CIAの前身等の策謀があったものと見なければならない）。

第五節　押し付け憲法の「要点」

GHQ草案の起草は、二月三日、マッカーサー三原則の指示から始まった。

資料一・5

一、天皇は国家の元首の地位にある。皇位は世襲される。天皇の職務および権能は、憲法に基づき行使され、憲法に表明された国民の基本的意思に応えるものとする。

二、国権の発動たる戦争は、廃止する。日本は、紛争解決のための手段としての戦争、さらに自己の安全を保持するための手段としての戦争をも、放棄する。日本はその防衛と保護を、今や世界を動かしつつある崇高な理想に委ねる。日本が陸海空軍を持つ権能は、将来も与えられることはなく、交戦権が日本軍に与えられることもない。

三、日本の封建制度は廃止される。貴族の権利は、皇族を除き、現在生存する者一代以上には及ばない。華族の地位は、今後どのような国民的または市民的な政治権力を伴うものではない。予算の型は、イギリスの制度に倣うこと。

一　天皇制度（皇室）の維持

マッカーサーの第一の意図が「天皇制度」の維持にあり、同じ維持するならば、「天皇制カード」を、占領政策のために、また自己の個人的名誉欲のために最大限に有効活用しようとしていた。

先のＳＷＮＣＣ《スウィンク》二二八をみても明らかな通り、建前としては天皇制廃止が最も望ましいこととされているが、実際には明治憲法の規定を変更し、国会の権能を高め、英国型の立憲君主制を目指すことが現実的と考えられていた。この時期天皇制廃止の危機はすでに峠を越していたとみてよい。

もちろんＧＨＱ内に浸透していた左翼勢力――ソ連のスパイといわれるＥ・Ｈ・ノーマンの工作や、占領軍によって解放公認された共産党の活動など、天皇制廃止を目指す勢力は存在したが、ＧＨＱの意志をもってすれば十分制御可能なものであった。極東委員会における各国の天皇制廃止の主張は、一種の駆け引きであって、GHQの権力を左右するものではなかった。しかし、そのようなことはおくびにも出さず、日本人には天皇制廃止及び戦犯として天皇が訴追される危機を信じ込ませていた。

当時、日本側がそのような情勢を見通せなかったのはやむを得ないとしても、今日もなお、天皇制度維持の代償として占領下憲法はじめ占領政策の受け入れを正当化している考え方は清算しなければならない。天皇制度を維持したことについてマッカーサーに感謝出来るにしても、少なくとも占領下憲法を押し付けたことによって相殺帳消しされたものと見なすべきである。

次に、最初のGHQ草案における天皇の規定と、現行憲法の第一条との対比を示す。

資料一・6

GHQ最初の草案（以下、「初案」という）
皇位は、日本国の象徴であり、日本国民統合の象徴であつて、天皇は、皇位の象徴的体現者である。天皇の地位は、主権を有する国民の総意に基づくものであつて、それ以外の何ものに基づくものでもない。
現行憲法第一条
天皇は、日本国の象徴であり日本国民統合の象徴であつて、この地位は、主権の存する日本国民の総意に基く。

象徴（シンボル）の語は日本側に最初は戸惑いを与えたが、やがては当然の用語のように受け入れられてきた。

明治憲法における天皇統治（第一条）、統治権の総攬（第四条）、天皇大権など（第五条以下、章末資料一・8参照）も、結局は本質的に象徴的なものであり、天皇大権の一部（非常大権、統帥・軍制大権など――これらは占領下憲法には規定されていないから）を除いて、基本的に明治憲法の天皇の在り方を継承するものと解釈されたからである。

それは逆にいえば、米国側の「天皇制の現行の形態をそのまま維持することは認められない」ということが、必ずしも明治憲法の第一条〜四条の規定の変更を要するとはいえないことを意味するのであり、従って、あえて天皇を象徴と規定することは、明治憲法と天皇に対する偏見誤解又は天皇制廃止論に対する譲歩・妥協でもある。

つまり、象徴規定は天皇制度の一面を正確に反映するものではあるが、その象徴的意味の具体的な表現である「統治・総攬・大権」等――それは天皇の権力支配を意味するものではなく、統治の神話的・物語的表象である――を回避もしくは忌避することによって、又は象徴性の表現を、もっぱら任免・公布・認証その他の手続き行為に限定することによって、天皇をその権威の源泉である歴史・文化・伝統から切り離し、抽象的な観念（＝象徴）又は形式性の中に閉じ込めることに繋がるからである。

マッカーサー・メモ（以下「メモ」という）においては天皇は明確に元首とされ、天皇の職務と権限の行使は、憲法及びそれに規定された国民の基本的意思に応えるものでなければならない、とされ、天皇の地位は世襲（ダイナスティック）でありそれと国民主権との関係は記されていない。天皇の職務権能は国民の基本意思に応えるものとされている。

しかるに「初案」以降、天皇の地位（ポジション）そのものが国民の主権意思に基づくものである趣旨が付け加えられた。初案では、ご丁寧に「それ以外の何ものに基づくものでもない」と、「メモ」にある世襲の意味さえ打ち消すかのような記述まである（日本側は政府案作成の際、GHQとの駆け引きでその記述を削除した）。「メモ」と「初案」及び現行憲法第一条との根本的相違は、象徴規定や元首規定の欠如ではなく――象徴であることは元首であることと矛盾せず、事実上の元首であることを否定するものではない――、まさに天皇の「地位（ポジション）」が「国民の意思」によって変更し廃止することが出来るかのような文言が挿入されたことである。

天皇制度の維持継続が、日本国民の支持の上に成り立っていることは自明である。その自明さの故に、天皇制度の支持者・擁護者も右の規定を受け入れているのであるが――マッカーサーも、先に見たとおり「（天皇が）進んで国民の信託に依って位に居られる」ことが「天皇の権威を高からしめる」と言っている――、天皇制廃止論者は、占領下憲法制定時にその目的を果たすことは断念したものの、後日を期してこの規定を挿入させたのである。

一見単なる手続き規定のように見えるが――しかし未だ現実に実行出来る手続き規定には至っていない――、明治憲法では「万世一系」と表現された皇統の連綿たる歴史的継続性の意義を否定し、皇室を、世俗的権力闘争の歴史を継承したヨーロッパの王家並の存在として宣伝し国民教育を施し、いずれ合法的に廃止する可能性を狙っていることは紛れもないのである。それに対しては、圧倒的多数の国民による皇室＝天皇制度に対する支持と敬愛は、その主権的意思などによるものではなく、それ自体が歴史・文化・伝統の現れに他ならないことを認識し、主張すべきである。

天皇制度に対する否定的見解は、君主制自体が平等主義、民主主義に反した制度であり、世界の進歩とともに必然的に消滅するものであるという認識に立っている場合が多い。確かに二〇世紀前半の革命と敗戦によって幾多の有力な君主国が姿を消したが、もう少し長いスパンで歴史を見る時、君主国の存在はむしろ普遍的なものであり、ヨーロッパの君主国は、多くの場合、非君主国よりもはるかに安定した民主主義国家である。天皇制度は世界的に類例のないものであり、そのために封建的・前近代的制度であるかのように誤解・曲解され、占領下において特にそれが助長された。そのような一時的現象に惑わされてはならない。

二　戦争放棄・非武装

「メモ」の第二項は戦争放棄である。そこでは、自衛のための戦争も否定されている。

次に、戦争放棄条項（第九条）の意味を検討する材料として、不戦条約、国連憲章の関連部分及び第九条を掲げる。

資料一・7

不戦条約（一九二八年）

第一條　締約國ハ國際紛爭解決ノ爲戰爭ニ訴フルコトヲ非トシ且其ノ相互關係ニ於テ國家ノ政策ノ手段トシテノ戰爭ヲ抛棄スルコトヲ其ノ各自ノ人民ノ名ニ於テ嚴肅ニ宣言ス

［現代語訳］①…国際紛争を解決するために戦争に訴えることを非難し、各国の相互関係における国家の政策としての戦争を放棄する…。

第二條　締約國ハ相互間ニ起ルコトアルヘキ一切ノ紛爭又ハ紛議ハ其ノ性質又ハ起因ノ如何ヲ問ハス平和的手段ニ依ルノ外之カ處理又ハ解決ヲ求メサルコトヲ約ス

［現代語訳］②…その性質や発生原因に関わりなく、すべての国際紛争の解決は、平和的手段以外の方法によってはならない…。

国連憲章第二条（一九四五年）

三　すべての加盟国は、その国際紛争を平和的手段によつて国際の平和及び安全並びに正義を危くしないように解決しなければならない。

四　すべての加盟国は、その国際関係において、武力による威嚇又は武力の行使を、いかなる国の領土保全又は政治的独立に対するものも、また、国際連合の目的と両立しない他のいかなる方法によるものも慎まなければならない。

日本国憲法第九条（一九四七年）

1　日本国民は、正義と秩序を基調とする国際平和を誠実に希求し、国権の発動たる戦争と、武力による威嚇又は武力の行使は、国際紛争を解決する手段としては、永久にこれを放棄する。

2　前項の目的を達するため、陸海空軍その他の戦力は、これを保持しない。国の交戦権は、これを認めない。

不戦条約第一条は「戦争放棄」、第二条は国際紛争解決は「平和的手段」に依るべきことを宣言しており、国連憲章は、その「平和的手段」を「『武力の行使及び武力による威嚇』以外の手段」と、より具体的に示したものとみることが出来る。第九条第1項は、その両条項を継承総合したものであることは容易に了解できるだろう。日本国憲法は、第1項の規定に限れば、国際法の流れを国内法で規定した点において先進的である——その点ですでに一九三一年のスペイン憲法、後に見る三五年のフィリピン憲法等の先例はあるが——、という評価は可能であり、世界的な戦争放棄（戦争違法化）の動向から外れた極端な理想主義ではないことが分かる。

国連憲章は戦争放棄の語を明記していないが、この両規定が戦争違法化を意味していることは明らかである。また、「武力による威嚇又は武力の行使」を「慎む」という語が、「放棄する」という語に比べて弱いという向きがあるかも知れないが、「放棄する」という語が一国の宣言に過ぎないのに対して、「慎む」のは国際法規としてそれに違反した場合には国連による制裁を伴うものであって、実定法としての効力は、後者の方がむしろ強いといえる。

つまり、憲法が戦争と武力行使の放棄を規定したからといって殊更にその「崇高さ」を強調するには当たらないのである。しかし、敗戦国が将来国際社会に復帰する前提として、平和主義を闡明《せんめい》することは対外的に有効であったことは事実である。異様な規定は第2項であり、これによって、第九条は「戦争放棄」条項というより、「非武装」条項というべきものとなっている。**一切の軍事力の保持と交戦権を否認することは、平和を確保する条件ではなく、国家の存立条件を否認することであり、独立国の憲法としてはあり得ないことである。**ＧＨＱ案の起草者たちは、「自己の安全を保持するための手段としての戦争をも、放棄する」というマッカーサーの指示を、百パーセント受け入れることは躊躇《ちゅうちょ》したようである。明文で自衛戦争の否定が規定されなかったのはそのためと考えられる。

しかし、占領下、武装解除された状態を、将来にわたって永久化する趣旨のマッカーサーの指示をそのまま2項に書き込むことによって——たとえ小規模でもわが国に軍隊が存在している状況ならば、その解体条項を置くことは困難であり、日本側も強く抵抗したであろう——、事実上「自衛戦争」を不可能にすることを認めたのである。それでも、国家の存立を否認する規定を書き込んだことに、一抹の不安は感じていたのではないか。

衆議院の審議において、第2項の冒頭に「前項の目的を達するため」という一句が加えられた時——芦田均の提案になるところから、芦田修正といわれる——、彼らは、自衛のための軍事力を保持できると解釈する余地が生まれたと理解しながら黙認したのである。極東委員会では、（芦田修正を見て）日本が将来再軍備することに備えて、「内閣総理大臣及びその他の国務大臣は文民でなければならない」（日本国憲法第六十六条第2項）という「文民条項」が（ソ連代表から）提出され採択されたことは有名である。――先のSWNCC二二八にも「文民条項」は書かれている。（c）②――しかし、**この「非軍事・非武装」条項を崇高な理想を掲げる「平和条項」と誤認しつづけたことが、戦後の最大の禍根となっている。**

それにしても、将軍でありながら自衛戦争の否定と非武装を提案するマッカーサーとは、一体何者であろうか。

マッカーサーが戦争放棄条項を指示した背景の一つに、自らが最高軍事顧問かつ日本との戦いの総司令官であり、また父親のアーサー・マッカーサー・ジュニアが軍司令官として実質的な初代植民地総督とされているフィリピン、そのフィリピン憲法に戦争放棄条項があったことがあげられる。

アーサー・ジュニアは、「一八八五年にインディアン戦争のアパッチ作戦に参加してジェロニモ以下先住民族を殲滅《せんめつ》させ、……一八九八年…米比戦争に義勇団長として参加、…エミリオ・アギナルド初代大統領を生け捕りにしたり、現地の先住民族を絶滅させる」（ウィキペディア）。日露戦争に際しては観戦武官として息子ダグラスを同伴したという。ダグラスにとってそうした父親が誇りであり、目標であったのだ。

対スペイン戦争に勝利した暁にはフィリピン独立を認めるとアギナルドに約束しながらそれを反故にして以来、背信・裏切りを続けてきたアメリカが、漸くフィリピンの独立を認める方向を見せ、それに期待を寄せて制定されたのが一九三五年の共和国憲法である（ただし、アーサー・ジュニアは一九〇九年に退役しているからこの憲法との関係はない）。その第二章に次の条文がある（拙訳による）。

（第三条）フィリピンは国策の手段としての戦争を放棄し、一般的に受容されている国際法の原則を国内法の一部として採用する。

ただし、この前（第二条）には次のようにある。

（第二条）国防は政府の基本的義務であり、その義務を達成するためにすべての国民は、法律の定めにより軍役または非軍事の公務に就くことを求められることがある。

フィリピン憲法は、不戦条約の規定を承けたものであるが、決して非武装憲法ではないのである。マッカーサーは、日本をフィリピン以下の保護国にすることを自らの手柄にしようとしていたのではないだろうか。

第六節　占領下制定憲法に対する評価

一体、占領下憲法改正を民主主義憲法として、どのように評価すべきであろうか。明治憲法の欠点を取り除き、国民の権利を拡大し、民主化を進めたことは否定できないが、草案をＧＨＱが起草したことを含め、その意図は決して善意によるものではなく――善意であっても余計なお世話であるが――、「民主化」の名目のもと、宣伝と統制を通じて日本人を「洗脳」し、日本を弱体化することが狙いの悪意と偏見に基づくものであることを認識することが必要である。

第一に、そもそも占領下憲法押し付け自体立憲主義に反することであるが、起草者たちの憲法観は、狭い偏った歴史観に貫かれている。各国の立憲主義の成立はそれぞれの国の独自の歴史的発展の上に立脚している。**その世界史的流れの中で、一九世紀末の明治憲法成立は一際《ひときわ》光芒を放つ。当時において内外から自由主義的憲法として高く評価されたものである。**それが「外見的立憲主義」「旧体制を温存することを目的としたもの」などと評価されることになり、戦前を半封建的な絶対主義と評価する歴史観が急速に普及し、革命史観以外はすべて保守反動とされる風潮が広がったのである（戦前日本を封建的と評価する偏見誤認は、先のマッカーサーメモの第3項にも見ることが出来る）。

第二に、普通選挙権の範囲を拡大したことは（二十五歳以上の男子を二十歳以上の男女にした）民主化の推進であったが、被選挙権者の大量追放は、民主主義破壊の暴挙という外にない。「改憲」に直接関連する昭和二十一年四月の総選挙で、進歩党の立候補者二七四名中一六〇名が追放された。その上、その選挙の結果第一党となった自由党の総裁鳩山一郎を追放した。今日そんなことをする国があればたちまち経済封鎖をされることであろう。

二十一万人にも及ぶといわれる追放が、政党政治の発展を妨げたという点で、翼賛体制の政党解散より、その影響は大きいのではないか。管見によれば、戦前に民主的政治が十分に開花し得なかった直接の原因は、明治憲法に内在する欠点ではなく、健全な政党政治の成立、すなわち民主的で国民的基盤に立脚した近代政党の発展が、内外情勢の重圧によって妨げられたことにある。

敗戦後の民主主義の回復は、政党政治の復活発展の機会となるはずのものであった。言論統制と検閲はそれを妨げる重大要因であったが、最も直接的な妨害は、占領終了まで継続した前代未聞の大追放にある。追放と占領下憲法維持とが如何に関係していたかは、さらに後に見ることになる（第三章第二節）。

第三に、議会での修正があったことを以て、改憲は押しつけではなく、民主的であったと主張する人もあるが、修正や追加項目がGHQの承認するものに限られたことはいうまでもない。また、天皇制を維持するためには、ともかくGHQ原案を成立させなければならないとする脅迫的判断が、問題のある条項に関する議論を抑制し、回避する傾向のあったことも見逃せない（注）。議会での改憲審議に並行して、極東国際軍事裁判（東京裁判）の審理が始められたからなおさらである。

第四に、この憲法草案には日本人の考えが盛り込まれているから、押しつけではない、という主張もある。先に見た「憲法研究会」の考えが参考にされている、天皇を「象徴とする」という考えは日本人の中にもあった、等のことである。それらの考え方が、日本人が、その議論を通じて草案や最終決定に反映させたのであれば民主的といえようが、GHQが一方的に特殊な少数者の考えを選択・採用して、どうしてそれが民主的といえるのか。

第五に、各層各派から提出された様々な改憲案、その考え方を相互に討議、批判し総合してゆくという、民主主義本来の機会を奪ったのである。すなわち、第一点の冒頭で指摘したように、日本立憲主義の破壊以外の何ものでもないということである。

（注）　貴族院議員であった高柳賢三は、（憲法第七条の）「認証制度」（章末資料Ⅰ・8　日本国憲法第七条、五、六、八の各号を参照。）を廃止し、これ等国事行為を天皇の「直接行為」とした具体的修正案を提案したことがあるという。（『天皇・憲法第九条』昭和三十八年刊。）例えば「大使公使の信任状」を「内閣総理大臣の名で送り、天皇は認証するという形式」から「日本の元首たる天皇が直接送る形式に変更してはならない合理的な理由はない」とGHQの担当者に細かく説明したところ、その法律家は「なるほど、あなたのいうところはもっとものように思われるが、なお、同僚と相談してから返事する」と言い、数日後「あなたの修正案で結構だ、貴族院であなたの修正案のように修正しても、司令部としてはなんら異議はない」というので、貴族院に正式に提案し、本会議で説明したが、「この修正案は、司令部の了解ずみということはいえないことになっていた」。そこで、政府（金森国務相）は反対演説をし、修正案は否決されたという。これが占領軍の統制監視下での憲法審議の実相であるが、GHQの実務担当者の中には、合理的根拠さえあれば、その自由な法と正義の精神に照らして柔軟に対応していた者がいたことも見てとれる。それは東京裁判での米国人弁護士の活動を想起させるものでもある。米国人のこの率直明朗な態度が、押し付け憲法であるにもかかわらず、戦後民主主義に一定の価値を与えることになったのではないか。その側面を見落としていると、改憲派の主張に説得力が欠けることになろう。

第七節　第九条「解釈」についての補足

第九条制定の経過から見て、第1項は自己防衛の戦争を否定するものではないが、第2項において陸海空その他すべての戦力の保持を禁止することによって、事実上自衛戦争を不可能にしている、という解釈が一般に行われてきたのであるが、その解釈は、先に見た国際法（不戦条約、国連憲章）との関連から見ても、極めて常識的なものである。そして、第2項といえども、自衛のための最低限度の武力の保持は許される、というのが今日国民多数によって受け容れられている解釈である。しかし、正統派（護憲派とほぼ同義である）の憲法解釈は、その解釈と真っ向から対立する。その正統派の解釈に正面から反論しておかなければ、日本国政府と国民が挙げて憲法違反をしていることになる。従って、ここでその件につき断を下しておきたい。

日本国憲法第九条（再掲）

1　日本国民は、正義と秩序を基調とする国際平和を誠実に希求し、国権の発動たる戦争と、武力による威嚇又は武力の行使は、国際紛争を解決する手段としては、永久にこれを放棄する。

2　前項の目的を達するため、陸海空軍その他の戦力は、これを保持しない。国の交戦権は、これを認めない。

宮澤俊義は第1項について、自衛戦争（「制裁戦争」を含む、この節において以下同じ）を認める解釈を「甲説」、自衛戦争も禁止しているとする解釈を「乙説」とし、甲説のうち、第2項がすべての戦力保持を禁止しているから事実上自衛戦争も否定されるとする解釈（すなわち右の「極めて常識的」な多数説である）を「A説」と呼ぶ。（第2項が自衛のための戦力保持は認める、とする解釈を「B説」としている）そして、この「甲＋A説」に対して次のように批判する（宮澤俊義著・芦部信喜補訂『全訂日本国憲法』昭和五十三年）。

「もし立法者が本条によって、すべての戦争を放棄する意図をもっていたとするならば、立法者はどういう理由で、その意図を表現するために、第一項では、侵略戦争を放棄しておき、次いで第二項でそのほかの戦争をも放棄するというふうに、一つの目的をわざわざ二つのちがった趣旨の規定に書き分けた、と説明するのか」

確かに正常な立法行為として第九条が成立したものならば、ここに書かれていることはその通りであるが、すでに繰り返し見てきたように、マッカーサー・メモの指示する自衛戦争否定は、草案起草に当たった幕僚たちに百パーセント支持されたわけではないから、「一つの目的をわざわざ二つのちがった趣旨の規定に書き分け」、その趣旨を曖昧にしたのである。

政府当局者がそのような解釈を公式に認めることは困難かも知れないが、一般の議員や政治家、また憲法学者や一般国民が自由な立場で憲法を解釈する場合は、これが押し付け憲法であり、不法の上に成り立っているものであることを、むしろ明確に意識して対するべきである。占領者の意図を、まともな立法意思として尊重するわけにはいかないのである。

宮澤は、甲説を採るならば、第2項についてはB説を採るべきだ、とも述べている。これも右と同じ理由で単純には当てはまらない。特に、第2項の文言から直接自衛のための戦力保持は許される、という解釈を導くことは出来ない。仮に、甲＋B説を採ったならば、宮澤はその点を指摘し、それを理由にして逆に甲説が成り立たないと主張するに違いない（護憲派の本音は、「乙＋A説」なのであるが、流石《さすが》に第1項が自衛戦争まで禁止するという乙説を声高に主張するのは難しいようである）。

第2項が自衛のための戦力を禁じていないと解釈するためには（いずれにしても結果的に右の「甲＋B」説になるのであるが）、①「前項の目的を達するため」という語句を活かすか、②条文の文言を離れて、「自然権」としての自衛権を根拠にするか、二通りの方法が考えられる。①については、前項の「自衛以外」すなわち「侵略的目的」の戦争及び武力行使等の放棄という目的達成のための戦力保持の禁止、と解釈し、「それ以外」すなわち「自衛のため」の戦力保持は可能だ、とするのであるが、いかにも苦し紛れの解釈である。それでも条文万能主義の法社会・訴訟社会の論理としては通用するのかも知れない。

筆者も、かつてはいかに苦し紛れであっても条文上の理屈として、自衛のための軍事力保持を「無制約的」に認められるこの解釈の方が、「非論理的」な②の解釈よりもましであると考えていた。しかし、第一に国の存立の基礎を、危うく際どい論理の上に成り立たせるのは不健全であること、第二に、条文の解釈として、「国際紛争解決の手段」としての戦争及び武力行使の放棄を貫徹するために、自衛権を犠牲にしても一切の戦力保持を禁止する（「自衛のため」という理由で「侵略的意図」を実行する方途を完封する）、という逆の解釈も可能であり、その方が文脈上自然な解釈ともいえる（それが先の極めて常識的な「甲＋A」説である）。従って、①の解釈を自衛力保持の根拠とするのは不適切である、と考える。

芦田修正によって挿入された「前項の目的を達成するため」という文言は、第1項と2項とを厳密な論理で結合する接続節と考えるよりは、芦田の真の意図が何処にあったかは別にして、第2項の武力保持の禁止を絶対的なものではなく、たんにそれを相対化する働きをした文言と捉えるべきではないだろうか。それによって、②の解釈を導入しやすくする効果が認められる。その上に立って、むしろ、**第2項は国家の存立根拠を剥奪する不当な規定であるから、その規定に文字通り拘束されるわけにはいかない、といわば一種の「居直り的」解釈をすべきである**と考える。これも政府当局者が、突如、公然と「居直り」を宣言するのは困難かも知れないが、少なくとも言論人や一般国民は——憲法改正、第2項削除が実現するまで——「居直る」覚悟が必要である。

「居直る」とは穏やかではないが、次の二つの理由から、それは十分正当化できる考え方である（それは、第九条のみならず、占領下憲法全体について当てはまるであろう）。

一つは、この憲法の改正の困難さである。困難さの第一は、第九十六条の定める改正要件、特に国会の発議要件が厳しすぎることにあることは言うまでもないが、それればかりでなく、第十章第九十九条、すなわち「天皇又は摂政及び国務大臣、国会議員、裁判官その他の公務員は、この憲法を尊重し擁護する義務を負ふ」という規定が、国務大臣、国会議員その他公務員の憲法改正についての言論を事実上封じてきたことである。

一般的に、政治家・公務員が憲法を尊重すべきであることは、言うまでもないことであるが、言わずもがなのことをわざわざ条文化したばかりか、その中に、傍点の「擁護」という語を挿入し、憲法に対する批判を禁止してきたのである。この規定の故に、いかに多くの政治家・官僚が、憲法批判・改定への言及を厳しく追及され、謝罪や言動の取り消し、又は辞任に追い込まれて来たことか。それらの事例は、憲法第二十一条の言論の自由と矛盾することでもある。

憲法改正の困難さの第二は、憲法学者の多数が占領下憲法を正統化しており、そのイデオロギーが普通教育、高等教育、さらには大学・大学院を通じて国民の中に浸透定着してきたことである。そして第三に、それらに輪をかけてマスメディアが憲法批判・改憲議論を封じ込め、それをタブーとする状況を作ってきたのである。そのような状況の下で、責任ある統治者は、「居直って」でも責任ある統治行為をせざるを得ないではないか。またそれを支持する国民においても同様である。いわゆる「解釈改憲」というのはそのための「手法」と見なされる。

「居直り」を正当化する今ひとつの理由は、最高裁判所が、「統治行為論」として、右の政府の態度を支持し、憲法違反とは判断していないことである。それは、最高裁の責任回避とか、政府行政権に対する追随である、とか批判するのは正しくない。国家の安全・存立があっての憲法であり、三権分立だからである。占領下制定という根本的な正統性・正当性に瑕疵《かし》（欠陥、キズ）がある憲法なればこそのことである。

いずれにしても、第九条2項の規定を文字通り完全に実行することは不可能なことである。しかしその条文の効果は、国民に、わが国は、自分の力で自分の国を守ることは出来ない・許されないのだ、と暗示し続けることにある。絶えず、自分の国は自分で守る、という健康な国民精神を睡りの底に誘い込む力が作用する。その睡魔に抗して自立精神を保つことなしに、国家の安全保障、正常な統治もあり得ない。憲法改正の力も生まれ得ない。「居直り」解釈を主張する所以である。

資料一・8

（明治憲法）

第五條　天皇ハ帝国議会ノ協賛ヲ以テ立法権ヲ行フ

第六條　天皇ハ法律ヲ裁可シ其ノ公布及執行ヲ命ス

第七條　天皇ハ帝国議会ヲ召集シ其ノ開会閉会停会及衆議院ノ解散ヲ命ス

第八條　天皇ハ公共ノ安全ヲ保持シ又ハ其ノ災厄ヲ避クル為緊急ノ必要ニ由リ帝国議会閉会ノ場合ニ於テ法律ニ代ルヘキ勅令ヲ発ス

2　此ノ勅令ハ次ノ会期ニ於テ帝国議会ニ提出スヘシ若《も》シ議会ニ於テ承諾セサルトキハ政府ハ将来ニ向《むけ》テ其ノ効力ヲ失フコトヲ公布スヘシ

第九條　天皇ハ法律ヲ執行スル為ニ又ハ公共ノ安寧秩序ヲ保持シ及臣民ノ幸福ヲ増進スル為ニ必要ナル命令ヲ発シ又ハ発セシム但シ命令ヲ以テ法律ヲ変更スルコトヲ得ス

第十條　天皇ハ行政各部ノ官制及文武官ノ俸給ヲ定メ及文武官ヲ任免ス但シ此ノ憲法又ハ他ノ法律ニ特例ヲ掲ケタルモノハ各々其ノ條項ニ依ル

第十一條　天皇ハ陸海軍ヲ統帥ス

第十二條　天皇ハ陸海軍ノ編制及常備兵額ヲ定ム

第十三條　天皇ハ戦ヲ宣シ和ヲ講シ及諸般ノ條約ヲ締結ス

第十四條　天皇ハ戒厳ヲ宣告ス

2　戒厳ノ要件及効力ハ法律ヲ以テ之ヲ定ム

第十五條　天皇ハ爵位勲章及其ノ他ノ栄典ヲ授与ス

第十六條　天皇ハ大赦特赦減刑及復権ヲ命ス

（日本国憲法）

第七條　天皇は、内閣の助言と承認により、国民のために、左の国事に関する行為を行ふ。

一、憲法改正、法律、政令及び條約を公布すること。

二、国会を召集すること。

三、衆議院を解散すること。

四、国会議員の総選挙の施行を公示すること。

五、国務大臣及び法律の定めるその他の官吏の任免並びに全権委任状及び大使及び公使の信任状を認証すること。
六、大赦、特赦、減刑、刑の執行の免除及び復権を認証すること。
七、栄典を授与すること。
八、批准書及び法律の定めるその他の外交文書を認証すること。
九、外国の大使及び公使を接受すること。
十、儀式を行ふこと。

第二章　ポツダム宣言受諾の意味

以下、占領下憲法制定の前提となった「ポツダム宣言」について検討する。まず、宣言の拙訳現代文を掲げる。

ポツダム宣言（現代語訳、一部意訳）

①我々、合衆国大統領、中華民国政府主席及び大英帝国総理大臣は、我々の数億の国民を代表して協議し、日本に今次の戦争を終結させる機会を与えることに合意した。

②合衆国、大英帝国及び中華民国の巨大な陸海空軍は、各国の陸軍、海軍による西方からの数倍に及ぶ増強を得て、日本に最終的な打撃を加える体制を整えた。この軍事力は、日本がその抵抗を止めるまで、戦争を完遂する全連合国の決意によって支持され鼓舞されている。

③ドイツによる、自由のために立ち上がった世界諸国民の力に対する無益かつ無意義な抵抗の結果は、日本国民に対して、極めて明瞭な先例を提供するものである。今日、日本に向けて集結されている力は、ナチスの抵抗に対して向けられた力、それは必然的にドイツの国土、産業及び全ドイツ国民の生活体系を荒廃させたのであるが、その力に比べて計り知れないほど巨大である。我々が決意し、その軍事力を最大限に行使するならば、それは、不可避的かつ完全な日本軍の破壊を意味し、同時に必然的に日本全土の全き破壊を意味するであろう。

④今や日本は決断すべきときである。その無分別な企図によって日本帝国を滅亡の淵に陥れた身勝手な軍国主義的指導者による統制を続けるのか、それとも理性の道に従うのか。

⑤我々の要求項目は、以下の通りである。これら諸項目の逸脱は認められない。それ以外の選択の余地はなく、遅延は許されない。

⑥日本国民を欺き、世界征服の冒険へと誤り導いた者たちの権力と影響力は永久に除去されなければならない。それは、無責任な軍国主義者が世界から放逐されるまで、平和、安全及び正義の新秩序の形成はできないというわれわれの主張に基づくものである。

⑦右の新秩序が形成されるまで、また、日本の戦争遂行能力の破壊が確証されるまで、連合国の指定する日本国領域内の諸地点は、占領される。それによって、ここに指示する基本目的の達成を確保するためである。

⑧カイロ宣言の諸項目は履行されなければならない。日本国の主権は、本州、北海道、九州、四国及び我々の決定する島嶼に限定される。

⑨日本国軍隊は、完全に武装解除された後に、それぞれの家庭に戻り、平和的かつ生産的な生活を営むことが許される。

⑩我々は、日本人を民族として奴隷化し、また国民として滅亡させることを意図するものではないが、しかし、我々の捕虜を虐待した者を含む、全ての戦争犯罪人は厳罰に処せられなければならない（注）。日本政府は、日本国民の間における民主主義的傾向の復活強化の一切の障害を除去しなければならない。言論、宗教及び思想の自由、並びに基本的人権の尊重は確立されなければならない。

（注）傍点部分の外務省訳は「一切ノ戦争犯罪人ニ対シテハ厳重ナル処罰加ヘラルベシ」となっているが、「一切ノ戦争犯罪人ニ対シテハ峻厳ナル裁判ガ行ハルベシ」とする別訳もあるようだ（東京裁判、高柳賢三弁護人の最終弁論に引用されている）。前者の「厳重ナル処罰加ヘラルベシ」、後者の「峻厳ナル裁判ガ行ハルベシ」の原文 stern justice shall be meted out は、いずれの訳も可能であると思われるが、ここでは一応外務省訳の方を採っている。

⑪日本国は、その経済を維持し、また実物による補償の取立を可能とするような産業の保持を認められるが、戦争のため再武装を可能とするようなものであってはならない。この目的のために、原料の入手——ただし、それは原料の支配とは区別される——は、認められる。最終的には、世界通商関係への日本の参加が許される。

⑫連合国占領軍は、日本が以上の諸目的を達成し、日本国民の自由に表明する意思により、平和的傾向の責任ある政府が樹立されたとき、直ちに日本から撤収される。

⑬我々は、日本政府に対して、直ちに全日本軍の無条件降伏を宣言し、その行動に付き適切かつ十分な誠意ある保障を提供することを要求する。それ以外の選択は、迅速かつ完全な破壊あるのみである。

このポツダム宣言自体は、連合国側が、戦闘継続か、提示条件による戦争終結かの選択を日本に迫った政治的声明であると考えられる。日本のポツダム宣言受諾の通告が、いわば契約の申込であり、連合国側がそれを受けいれて、降伏文書という条約形式にまとめ上げて、始めて日本と連合国との間の戦争終結の合意が、国際法的効力を伴って成立することになる。九月二日に東京湾頭ミズリー艦上で調印された降伏文書が、それに当たる。

「同文書は、実質的にはポツダム宣言の内容を再確認する国際合意としての条約の性質を持つもので、日本とともに連合国をも拘束するものであることは、国際法理上明らかであった」

（佐藤和男『憲法九条・侵略戦争・東京裁判』再訂版八ページ）

先ず、このポツダム宣言が起案され、発出されるまでの経過を概観しよう。

一九四五年（昭和二十年）四月、フランクリン・D・ルーズベルト大統領が亡くなり、副大統領のハリー・S・トルーマンが大統領に就任すると、事実上国務長官の役割を担っていたジョセフ・グルー国務次官は、「無条件降伏」の旗印を降ろし、日本との戦争を早期に終了させるよう提案した。グルーは、大戦前の駐日大使、日米開戦阻止を目指して尽力した知日派である。スティムソン陸軍長官、フォレスタル海軍長官らの支持と協力を得て、「立憲君主制の存続」を認める条項を含む、後の「ポツダム宣言」原案に相当する文書を起案した。一旦は、トルーマン大統領はそれを承認したと言われる。

しかし、ルーズベルト存命中、スターリンが独ソ戦終了後の対日参戦を密約した「ヤルタ会談」、原爆開発を進めた「マンハッタン計画」、これら戦争遂行に決定的影響を持つ何れについても全くカヤの外に置かれていたトルーマンは、カリスマ的指導者ルーズベルトの戦争方針を継承することに精一杯で、「無条件降伏」要求を撤回する決断は出来なかった。また、「真珠湾の騙し討ち」、捕虜虐待（バターン「死の行進」）という復讐心を煽り立てる戦争宣伝によって天皇制度の廃止・天皇処刑に傾いている米国民の世論にとらわれてもいた。後に国務長官となるバーンズの意見を容れて、「立憲君主制容認」の項を外し、その案を持ってポツダムに出かけてしまった。

もし、その前に「立憲君主制容認」の入った原案を発表していれば、より早期終戦の可能性もあった。少なくとも原案の条件が残されていれば、原爆投下以前に日本が降伏したかも知れない可能性も、この時潰えてしまったのである。トルーマンが対日戦終了の決め手として期待したのは、第一に、マンハッタン計画の核実験成功を待って日本に原爆を投下すること、第二が、ソ連の対日参戦だったのである。

七月十七日からベルリン近郊ポツダムで開かれた米英ソ首脳会談は、対ドイツ戦後処理の方針を決めるためのものであったが、トルーマンは、その正規の会議の間に、対日宣言案について英国首相チャーチル（後、中途からはアトリーに交代）と相談した。重慶の蔣介石には、発表直前に電報で署名だけを求めた。蔣介石は突然の一方的提案に立腹しながらも、原案①項の「合衆国、大英帝国、中華民国」の順序を、英中入れ替えることを条件に、渋々署名を承諾した。そして英国首相アトリーの署名もトルーマンが代行し、七月二十六日、（スターリンには内緒で）発表した。「ポツダム宣言」は、報道陣に発表されただけで、日本政府に外交ルートを通じて正式に伝達されることはなかった。トルーマンにとって、「宣言」の発表は、対日戦争終了の呼びかけというよりは、日本を「無条件降伏」に追い込む、戦争宣伝の手段だった。

以前には、日本政府が「宣言」を傍受したとき、鈴木貫太郎総理大臣が記者団の質問に対して、「宣言を無視・黙殺する」と発言し、それが海外に報道されたことによって、連合国側が原爆投下にまで踏み切ったといわれていたが、その「黙殺報道」は、米国世論の反応に一定の影響があったとしても、米国政府の意思決定には何ら影響するものでなかったことは、今日では明らかにされている。

次に、「宣言」各項の意味内容を略述する（一読して意味明瞭な項は省略している）。

①から④項は、ドイツが敗北したから日本も降伏せよ、という呼びかけであるが、注意すべき点は、ヨーロッパのドイツに対する戦争を、「自由のために立ち上がった世界諸国民の力」（③項）による戦いと規定することによって、日本に対する戦争も「自由を目指す戦い」の一翼と位置づけようとしていることである。

ドゴール派から共産党までを含む人民戦線によって「祖国解放」を戦ったといわれるフランスに代表される西側諸国の戦いは、確かに「自由を目指す戦い」というに相応しいかも知れないが、ポーランド、チェコスロバキア等東側諸国の人民の戦いは、その成果をソ連軍とスターリン支配下の各国共産党に横取りされたのであって、とても「自由を目指す戦い」というには値しない。また、重慶の蒋介石と延安の共産党合作の抗日戦争が「自由を目指す戦い」というのは冗談にもならない。アジアに「戻ってきた」英仏蘭の軍は、「自由を目指す」どころかアジアの再植民地化を目指すものに他ならなかった。

辛《かろ》うじて、④項の「その無分別な企図によって日本帝国を滅亡の渕に陥れた身勝手な軍国主義的指導者」に従い続けるのか、と問いただすことによって、日本の「軍国主義者」との戦いをナチスとの戦いに準《なぞら》え、自由を目指す戦いに仕立てているにすぎない。

しかし、日本国内の「和平派」と「戦争継続派」の対立状況を睨み、前者に働きかけて後者を軍国主義者と見做して孤立化を狙っている。そして、戦争末期における軍部の独善や圧政に倦《う》んだ国民にとっては、連合国の軍国主義批判の宣伝が、自由と解放として受け容れやすい状況にあったことも否めない。宣言のこの部分は、宣伝文書の導入部として、極めて巧みなものであることを認めざるを得ない。
⑥項は、右の「軍国主義者」を、世界征服を企てた者として決めつける、この宣言の核心部分である。日本が世界征服を目指したというのは、日本人には全く身に覚えのない、日本政治史上に何の根拠もないことである。それは、連合国が「A級戦犯」を裁くために、東京裁判で世界征服の共同謀議の存在を立証しようとして確たる証拠を何一つ挙げることができなかったことからも明らかである。
わが国は、終戦の詔勅において「米英二国ニ宣戦セル所以モ亦実《またじつ》ニ帝国ノ自存ト東亜ノ安定トヲ庶《しょ》幾《き》［＝こいねがうこと］スルニ出《いで》テ他国ノ主権ヲ排シ領土ヲ侵スカ如キハ固ヨリ朕カ志ニアラス」と、世界征服と侵略の意図をきっぱりと否定し、かつ「朕ハ帝国ト共ニ終始東亜ノ解放ニ協力セル諸盟邦ニ対シ遺憾ノ意ヲ表セサルヲ得ス」と大東亜戦争の目的の一つの柱が東亜民族の自立と解放にあった

ことを闡明しているが、「宣言」の受諾に際して、「世界征服」の表現に抗議してはいない（注）。世界征服などという大袈裟な嘘は、わが国にとってはただの修辞に過ぎなかったが、米国（その戦争計画者、戦争指導者）にとっては、日本が侵略者であると決めつけることは、その戦争目的を正当化するために絶対不可欠なことであった。

支那事変におけるアメリカの蔣介石政権への支援は、事実上の対日参戦であり、少なくとも「中立法違反」の責任は免れない。日米通商条約の（米国による）破棄通告（昭和十四年）から経済封鎖（ＡＢＣＤ包囲網、石油禁輸を含む全面的経済封鎖）に至る一連の過程が日米戦争開始の真因である。その真相を隠蔽しなければ、日米戦争の開戦責任は完全にアメリカに帰することになるので、それを避けるためには、日本を侵略者として断罪する必要があった。そこで米国は、日本占領開始直後から、日本人自身が進んで自らを侵略者と思い込むように仕向ける「洗脳工作」＝「戦争に対する贖罪意識注入計画《ウォー・ギルト・インフォーメーション・プログラム》」（注２）を実施したのである。

（注）ポツダム宣言（連合国による降伏要求）で合意された要求項目の実行義務をわが国は負うが、その要求項目を正当化する連合国の論理・判断等の認識そのものにわが国が同意する必要はない。戦争の勝利者が敗戦国を拘束できるのは、具体的・外形的な実行項目だけであり、その心中を左右することは出来ないからである。従って、連合国が「世界征服」や侵略戦争を理由としてわが国を決めつけ責め立てたとしても、わが国はそれに同意する必要はなく、まして謝罪することはない――せいぜ

い一時的に同意した振りをするだけでよい。ただ、〝振り〟をするのは結構知恵と勇気のいることである――。敗戦の結果として制裁を甘受（要求項目の実行）すればすべてが終わる。それが本来の戦争のルールである。

（注2）「戦争に対する贖罪意識注入計画」（ウォー・ギルト・インフォーメーション・プログラム War Guilt Information Program ＷＧＩＰ）。昭和二十年十二月八日より新聞各紙に『太平洋戦争史』（十回）が連載され、翌日より一日遅れで同内容を脚色したとされる『真相はかうだ』がＮＨＫ（ラジオ）で放送された。とくに後者は繰り返し放送されたという。内容はもちろん連合国の立場による宣伝である。（桜井よしこ『ＧＨＱ作成の情報操作書「眞相箱」の呪縛を解く』平成十四年刊・小学館文庫、今日でも入手可能、電子書籍にもなっているようである）ＮＨＫの放送開始直後から聴取者から抗議の電話が殺到したと言われるが、一方的宣伝が次第に浸透してゆく。第一に、検閲と言論統制によって一切の反論・異論は禁止されていた。「大東亜戦争」という呼称も禁止されていた。国民は食糧難等に対する生活防衛に追われ、圧倒的宣伝に対応しきれなかった面もある。第二に、「大本営発表」に見られる戦時中の日本側情報操作の杜撰《ずさん》さが明らかになり、連合国の「真相」が信じられやすい状況にあった。第三に、敗戦国の悲しさ、連合国に追従する分子が現れたこと。第四に、自覚的戦争体験のない世代（終戦時小学校――当時の「国民学校」二年生であった筆者などもその世代に入るのであろう）には、連合国の宣伝がそのまま受け容れられやすかったこと、などが指摘できるであろう。

そのような「洗脳工作」は、占領政策の綿密な計画（ＷＧＩＰ）の下に遂行されていたことは以前から明らかであったが、その事実を認めたくない立場が存在する余地もないではなかった。しかし最近（平成二十七年一月）に至って、その「計画書」の原文が、国会図書館所蔵の膨大な占領文書の中から「発見」されたため、占領軍による「洗脳」の意図と計画の存在自体を否定することはできなくなった。すなわち、「日本侵略論」を主張することは自由であるが、そのためには、先ず自らがWGIPの影響から自由であることを証明しなければならなくなったのである。詳しくは、関野通夫『日本人を狂わせた洗脳工作』（自由社ブックレット、平成二十七年三月刊）を参照されたい。

さらに、⑥項後半の（外務省訳文では、これが前半部になっている）「無責任な軍国主義者が世界から放逐されるまでは、平和、安全及び正義の新秩序の形成は不可能である」という主張によって、わが国が国際社会に復帰するためには、わが国自身が侵略国であったと認めることが条件とされている。その結果、国際秩序におけるわが国の立場は、常に戦勝国の意向に逆らわない、二線級国家に甘んじることに繋がっていく。

⑧項は領土問題である。戦争の結果による領土問題は、もっぱら力関係によって左右されるものであって、その正邪・当不当にかかわらず比較的単純であり、通常敗戦国にとっては仕方がない、やむをえない問題である。ところが、連合国は「大西洋憲章」で領土拡大を求めないことを宣言しており、「カイロ宣言」にもそう書いてある。それに反して、「カイロ宣言」の内容は虚偽に満ちている（カイロ宣言の訳文は、この項の末尾に掲げる）。

第一に、太平洋の島嶼を、第一次大戦の開始後日本が奪取・占領した、と書かれているが、これはベルサイユ講和条約により、（旧ドイツ領が）正式に委任統治領とされたものである。

第二に、満洲、台湾及び澎湖島を、日本が清国より盗取したとあるが、台湾・澎湖島は、日清戦争後の下関講和条約によって正式に譲渡されたものであって、「盗取」ではない（これを「返還」するとなれば、相手は滅亡した清国ということであって、中華民国ではない）。満洲については、満洲国として独立したのであって「盗取」には当たらない（補論参照）。

第三に、日本は「暴力及貪慾」により略取した他の一切の土地より駆逐されるべきである、と書かれているが、「略取」に相当する土地はない。南樺太、千島列島がこれに含まれるのであろうが（当時、わが国は、ヤルタ密約の内容を知らなかった）、まず後者についていえば、安政の日露和親条約によって、択捉《えとろふ》と得撫《うるっぷ》との間に国境を定め、樺太は日露の混住地域として島内に国境線を定めなかったのであるが、明治八年、「樺太千島交換条約」によって、わが国は樺太に対する領有権を放棄する代わりに得撫以北の千島列島を領有することにしたのであり、前者（南樺太）は、日露戦争後のポーツマス講和条約により、改めて、正式にロシアから譲渡されたものである。

以上「カイロ宣言」（及びヤルタの秘密協定）は、「大西洋憲章」の「領土不拡大」の原則に違反するにもかかわらず、この「ポツダム宣言」によって正当化される結果となったのである。それは一方、「大西洋憲章」自体の欺瞞性を証明しているといえるであろう。

さらに、「朝鮮人民の奴隷状態に留意」して、やがて自由独立させることに言及したことが、朝鮮半島の混乱の淵源となった。そもそも朝鮮人民は奴隷状態にはなかったし、朝鮮の併合は、正式な条約によるものであって、征服統合したものではなく、第二次大戦において、朝鮮の独立が問題として登場する必然性はなかった（わが国の韓国併合は、領土拡大や植民地主義の野望によるものではなく、もっぱら安全保障上の必要性によるものであり、かつ多数朝鮮人民の参集する「一進会」による国家再建のための日本との合邦希望を受け入れたものであった）。

朝鮮の住民は、大日本帝国の臣民として均しくあるべき存在であり、徐々に均しく扱われてきたのが事実である。朝鮮を、仮に（台湾と共に）植民地と名づけたとしても、欧米の搾取隷属一辺倒の植民地とは全く異なり、投資と開発、近代化推進の対象であり、社会的インフラを整備、住民の底辺から、衛生観念を普及し、初等教育を確立し、中等・高等教育、大学へと向上させてきたのである。もちろんそこには、異民族支配による差別という問題があったことは事実であるが、それは時間をかけて解決する以外に仕方がない問題、いわば宿命的な制約であったのだ。

連合国は朝鮮の独立に言及しながら、亡命政権「大韓民国臨時政府」（一九一九〈大正八〉年上海で設立、後に重慶まで逃亡）を承認したわけでもない。つまり、独立の主体については何の考慮も払われていない。敗戦時に朝鮮総督府の斡旋《あっせん》にもかかわらず朝鮮人民に統一した自治能力なく、米軍の進駐も遅れ、権力の空白的状況が生じ、結局、米ソ分割占領から南北分裂国家になってしまったのである。この間、一時、米ソ両国より、五年間の国連信託統治を経て統一国家とする案が浮上したが、南北の朝鮮人民による猛反対が、それを葬ってしまったという。愚かなるかな。もっとも、実際に五年間で朝鮮人民に統一国としての統治能力が育成されるはずもなく、少なくとも五十年ほどの信託統治期間は必要であったろう。

朝鮮民族は、長年支那王朝の属国として生きてきた結果、自らも小中華主義・事大主義の毒素に侵されていた。日本の統治下で徐々に解毒作用《げどくさよう》が働き、近代的民族《ネーション》として再生しつつあったが、その過程の半ばにして、中途半端な独立国となって、結局小中華主義に回帰してしまったのである。

朝鮮が独立国として立つためには、日韓併合条約について、それを破棄するにせよ終了させるにせよ、それが条約として現存した事実を承認することが当然の前提となるべきことであったが（日韓基本条約交渉において韓国はその承認を拒否した）、それを無視したことが、朝鮮半島混迷の根本原因である。

以上の通り、領土問題を「カイロ宣言」のフィルターを通して提起したことが、今日まで東アジアにおける紛争問題の原因となっていることが分かる。

しかも、当の「カイロ宣言」自体、正式文書として存在していないことが、今日ほぼ疑いなく明白になっている。つまり、「カイロ宣言」にはそれ自体の正統性・適法性がないのであり、「ポツダム宣言」でわが国が「カイロ宣言」を認めたとしても、サンフランシスコ平和条約で認めたこと以外は、国際法的に未決着の問題として残ることになった（その代表例が台湾の帰属問題である）。

「カイロ宣言」抜粋

……右同盟國（米中英）ハ自國ノ爲ニ何等ノ利得ヲモ欲求スルモノニ非ス又領土擴張ノ何等ノ念ヲモ有スルモノニ非ス　／右同盟國ノ目的ハ日本國ヨリ千九百十四年ノ第一次世界戰爭ノ開始以

後ニ於テ日本國カ奪取シ又ハ占領シタル太平洋ニ於ケル一切ノ島嶼ヲ剥奪スルコト並ニ滿洲、臺灣及澎湖島ノ如キ日本國カ清國人ヨリ盗取シタル一切ノ地域ヲ中華民國ニ返還スルコトニ在リ／日本國ハ又暴力及貪慾ニ依リ日本國ノ略取シタル他ノ一切ノ地域ヨリ驅逐セラルヘシ／前記三大國ハ朝鮮ノ人民ノ奴隷状態ニ留意シ軈《やが》テ朝鮮ヲ自由且獨立ノモノタラシムルノ決意ヲ有ス

⑩項は、戦争犯罪人の処罰と民主化問題との抱き合わせであり、⑥項と並ぶもう一つの核心である。「日本人を民族として奴隷化し、また国民として滅亡させることを意図するものではない」というのは、「無条件降伏」要求の「緩和」を表明したものであり、「日本国民の間における民主主義的傾向の復活強化の一切の障害を除去」と言う表現は、明らかにジョセフ・グルー等の考え方によるものであるが、根底において「無条件降伏」要求は残されており、実際の適用結果から見て明らかになるとおり、そのことが隠されている条項である。

「言論、宗教及び思想の自由、並びに基本的人権の尊重は確立されなければならない」ということは、文脈からいって何の変哲もない当然の要求のようであるが、その文言の背後には、「明治憲法下の日本には自由も基本的人権も欠如しており、それ故に軍国主義化したのであり、従って、米国の手によって民主化しなければならない」という意図が潜んでいたのである。しかし、敗戦国の国内体制について戦勝国が干渉する権利などは一般的に認められるものではなく、戦後のアメリカの覇権確立後においては当然のことのように考えられているが、わが国の敗戦当時においては、無条件降伏を要求しな

い限り、それは認められなかったことである。

そこで、「軍国主義者」に侵略の責任を帰することによって、その戦争犯罪を問う裁判と処罰を通じて民主化を要求する、という論理が組み立てられたのであろう。しかし、戦争犯罪といえども、その裁判と処罰の権限は、本来主権国家（つまりこの場合わが国）に属するものであるから、「我々の捕虜を虐待した者を含む」という一句によって、戦勝国の受けた被害（「捕虜虐待」）に対する補償を要求するるものとして、裁判と処罰に連合国が関与する権利を有することを主張したものと考えられる（先の注に記した別訳によれば、連合国がより直接的にそれを通告したものと受け止めることも出来る）。

従って、「捕虜虐待」問題は、たんなる一般的戦争犯罪の問題ではなく、連合国がわが国の「戦争責任」を裁くことを正当化するためのキーワードであり、「バターン死の行進」や泰緬鉄道建設工事に英軍捕虜を使役したことなどが誇大に宣伝され、日本軍の残虐性を強調することによって、連合国が自国民にその戦争の正当性を主張し、日本国民には自国軍に対する懐疑を抱かせるように仕向けたのである（後の「東京裁判」では、これら誇大宣伝に「南京大虐殺」が加えられ、それが日本軍の残虐性の決定的証拠とされるのであるが、ナチス・ドイツの残虐性については大戦終了前一九四三年の米英ソのモスクワ会談でも公式に非難されたのに対比して、**ポツダム宣言に南京大虐殺の片言さえ見えないことは、その虚構性を裏付ける例証の一つ**に加えてよいであろう）。

それにしても、敗戦国自身の手によって民主化を進めることを要求すること又は約束させることに止まらず、占領軍の強圧・命令をもって「民主化」を押し進めることになるとは、予想しえなかったであろう。このことは、⑫項「日本国民の自由に表明する意思により、平和的傾向の責任ある政府が樹立される」ことについても同様であり、すなわち、民主的選挙に基づく政権成立について、占領軍による強引で露骨な干渉が行われることなどは、全く予期し得なかったのである。

以上「ポツダム宣言」の内容がかなり厳しいものであるにせよ、わが国は無条件降伏を免れ、条件付降伏という国際法に基づいた諸条項が実施されることを予想・期待したのである。けれどもアメリカは、そのように考えていなかった。「ポツダム宣言」は、降伏条件を約束（契約）したものではなく、事実上の無条件降伏への誘導口に過ぎなかったのである。それは、トルーマン大統領の四五年（昭和二十年）九月六日付の「連合国最高司令官の権限に関するマッカーサーへの通達」と題する文書で、最も明快直截《ちょくせつ》に述べられている（拙訳による）。

一、日本国を統治する天皇及び日本政府の権限は、連合国最高司令官としての貴官に従属する。貴官は、その使命を果たすため最適と認める通りに、その権限を行使すべきである。我々の日本との関係は、契約的基礎に立つものではなく、無条件降伏に基づくものである。貴官の権限は日本において最高であるから、その及ぶ範囲についての如何なる異議をも受け付けることはない。

二、日本の支配は、日本政府を通じて行われるが、それは、その取り決めが満足な結果をもたらす限りにおいてであって、貴官がそれを必要とするならば、貴官の権限の直接的行使を妨げるものではない。貴官は、実力行使を含む必要と認める相応の手段をもって、貴官の発する命令を強制することができる。

三、ポツダム宣言の表明した意図は、完遂されるべきである。しかしそれは、我々が、当文書によって、結果として日本との契約的関係に縛られる、と考えるからではない。それが尊重され実行されるのは、ポツダム宣言が、対日関係及び極東における平和と安全の関係について、誠意ある信念をもって表明している我々の政策の一部をなすものだからである。

⑬項にある「軍の無条件降伏」というのは、文字通り無条件に降伏し、武装解除することであり、その後は護送されて帰還（帰国・帰宅）するか、捕虜として収容されるかであり、慣習や国際法による処理は比較的明瞭である。それに対して国の無条件降伏とは、ドイツのように敗戦の結果国家が崩壊したような場合を除けば、慣習上・国際法上も不明確な概念である。

「民族として奴隷化し、また国民として滅亡させることを意図するものではない」（⑩項）、「経済を維持し、……産業の保持を認められる……最終的には、世界通商関係への日本の参加が許される」（⑪項）等の限界条件は示されており、占領期限は「国民の自由に表明する意思により、平和的傾向の責任ある政府が樹立される」ときまで（⑫項）、と一応区切られているが、各項目の内容の解釈は、戦勝国の力任せの恣意に委ねられてしまう。「国民の自由に表明する意思により、平和的傾向の責任ある政府」とは、どのような政府か、この解釈によっては、いつ占領が終結するのか分からないことになる。

「ポツダム宣言」受諾による敗戦を戦勝国が「無条件降伏」と解釈するという、一種の騙し討ちによって、わが国は戦勝国のイデオロギーを強要されたのである。その主要内容は、⑥項の、日本が世界征服を企図した（後に「東京裁判」では東アジアの征服と修正されたが、それを含めて）侵略国家であり、かつ国際的に二線級国家であるべきこと、⑩項の、わが国は、米国を中心とする連合国に指導されて民主主義を導入し定着させるべき国であるということであり、このわが国に強要された戦勝国のイデオロギーを、以下「ポツダム・イデオロギー」と呼ぶことにしよう。占領下制定憲法は、まさにポツダム・イデオロギーをわが国の国家そのものに定着させ、文化・社会に浸透させることを目指したものに他ならない（そこで、ポツダム・イデオロギーを時に応じて「連合国イデオロギー」「憲法イデオロギー」とも呼ぶことがある）。米国の占領政策は、やがて大きな方向転換を迎えるが、この憲法によって、当初の占領意図が後の占領当局や米国政府の意思を越えて貫徹されることとなったのである。

補論　満洲権益と支那事変への道

一

日本の満洲権益は、日露戦争後のポーツマス条約によって、ロシアの清国における権益を譲り受けたものである。すなわち遼東半島租借権及び南満州鉄道であり、その譲渡はわが国と清国との条約によって確認されている。元になったそのロシアの権益といえば、日清戦争の講和条約（下関条約）でわが国が獲得した遼東半島の領有権を、ロシアがドイツ、フランスを誘ってわが国に返還するよう「勧告」し（三国干渉）、わが国は諸般の情勢に対処し検討した結果、やむを得ずそれを清国に返還したのであるが、今度はロシアが返還させたことを恩に着せ、清国に強要して割譲させたものである。ロシアに続いてドイツ、フランスも青島《チンタオ》、広州湾の権益をそれぞれ獲得した（英国も威海衛を獲得していた）。三国干渉はわが国に「臥薪嘗胆《がしんしょうたん》」を強いることになり、日露戦争の遠因となる（真因はロシアの南下政策、直接には義和団事件以後も撤退の約束を反故にしてロシアが北満に居座ったことである）。

以上の経過より、そもそも日本が清国に遼東半島を譲渡させたことが「強奪」であり、列強の中国分割の嚆矢《こうし》となった、と非難する向きがあり、最近ではむしろそれが「定説」であるかのようである。確かに列強は中国における権益獲得を狙いつつも、相互に牽制し合って直接の手出しを控える状況であったところに、日清戦争、遼東半島割譲、三国干渉を通じて中国分割競争が進むことになったかも知れないが、この場合、利権を求めて遥か大西洋・インド洋、太平洋を越えて、又はユーラシア大陸北方を経てアジアに進出する列強と、国家の防衛と独立のために一定の領土的根拠地を獲得せざるを得ないわが国とを同列に扱うこと自体が不当である。

遼東半島は、不凍港を求めて南下するロシアの一つの終着点であり、ここをロシアに抑えられることは、わが国の安全保障上の脅威である。同時にそれは、朝鮮に対する清国の干渉を排除するため（日清戦争はまさにそのための戦いであった）、両国間に打ち込むくさびの位置にも当っている。下関条約でわが国が遼東半島を要求したのは、国防上ごく自然のことであった（注）。仮にわが国が遼東半島を要求しなかったとしても、早晩ロシアがそれを獲得したであろうことは疑いない。

台湾にしても、二十年前の台湾出兵の際、清国の責任ある統治下になく、沖縄・南西諸島方面の安全のために領有化が切望されていたのである。清朝崩壊後の混乱期に、台湾が無政府状態もしくは他の列強の領有に帰していたならば、と想像してみるとよい。当時、清国との友好のために台湾の領有は控えるべきであるという見解もあり、それは一見立派な見識のようであるが、それほど綺麗事の通る世界ではなかったのである。

（注）戦後これが「ごく自然な」ことと理解されなくなったのは、ポツダム・イデオロギーと憲法の空想的平和主義の影響による。ロシアが遼東半島の旅順港を抑えたならば、黄海・東シナ海を経て太平洋への出口を獲得したことになる。その上、朝鮮が独立を失いロシアの影響下に入るようなことになれば、要衝ウラジオストック――冬期は凍結することもある半不凍港ではあったが――と連携して日本海はロシアの海となったかも知れない。英米独仏等の欧米勢力が遠隔地より到来するのに対して、ロシアはわが国の四海を囲むかも知れない目前の脅威だったのだ。当時の国民と為政者が憂慮し警戒したのは当然である。また、下関条約において遼東半島を割譲させたのは、三国干渉を招き列国の中国分割競争の火付け役となった愚策である、という主張も見られるが、未だ列強の動きがそれほど露骨でなかった時期に、早くも遼東半島獲得の必要性を認識していた明治為政者達の慧眼を、むしろ評価すべきではないだろうか。

ともあれ、日清日露両戦役の二十五万超の戦死傷者の血で購《あがな》われたとされる満洲の特殊権益を守るために、わが国は大陸の動乱と列強の角逐《かくちく》に揉まれ翻弄《ほんろう》されることになる。「悪名高き」二十一カ条要求も、直接には対ドイツ戦で獲得した青島と山東省の権益の処理問題を発端とするものであったが、その最大の狙いは、満洲権益の租借期限の延長とその安定に他ならなかった。交渉は難航したが、結局は妥結した。袁世凱《えんせいがい》の要請により——袁世凱の国内向け言い訳の形をつけるため——、最後通牒を突きつけて。しかしこれが後に「日本軍国主義侵略開始」の号砲であったかのように宣伝されることになった。

わが国の明治開国が、欧米の植民地主義侵略に抗して自主独立国家を目指すものであったことは自明である。しかしその欧米植民地主義侵略国家を文明先進国と見なし——実際に「先進」文明国であることに間違いはなかった——、その仲間入りを果たすことを目標とせざるを得なかった。支那（注）朝鮮には、共に欧米諸国と対抗することを期待したが、それは叶《かな》わなかった——両国に同じ志《こころざし》がなかったからである。それは両国が当時たんに立ち後れた状態にあったというに止まらず、わが国と国家観・基本的価値観が根本的に異なるからであることは、今日では明瞭である——。

（注）「支那」は蔑称と受け取られているがそうではない。英語のチャイナ（「支那人」はチャイニーズ）に相当する正当な呼び名である。わが国でそれが蔑称と感じられるようになったのは、敗戦後、中国から、かの国の呼称を（支那共和国ではなく）「中華民国」に統一するよう申し入れがあり、わが国外

務省はそれを受けて、一般に「支那」の呼称を中止することにしたからだといわれる。それに逆らって「支那」の呼称を用いるのは中国の希望を無視すること、つまりかの国を蔑《さげす》んだかのように思われることになったのである。そして、支那そば・シナチクのような普通名詞まで忌避され、中華そば（又はラーメン）、メンマといわなければならなくなった（もっともそのおかげで日本式ラーメンがすっかり定着したのであろう）。

右に見たとおり、戦前わが国において「中華民国」を「支那共和国」と呼称することがあったのである。しかしそれは殊更蔑称と言うには当たらない。

そもそも、辛亥革命で「中華民国」が誕生するまで、普通に「中国」という国名は存在しなかった。世界帝国に例をとれば、秦・漢、隋・唐、宋、元、明、清と王朝の名前で呼ばれてきた。辛亥革命で〝共和制〟を採用するに際してはじめて「国」の名前がつけられたのである。問題は、それに「中華」と冠せられたことにある。世界の中心に花開いた国、とでもいった意味になろうか。考え方によっては、やや大げさではあるが通常の自尊名と言えなくもないが、伝統的な中華思想（文字通り自らを世界の中心とし、周辺国を見下し従属させること）と結びつくものであることは明らかである。欧米諸国が、それを直訳して「セントラル・カントリー」などと呼ぶはずがない。常識的に「リパブリック・オブ・チャイナ」と翻訳したのは当然である。それを和訳すれば「支那共和国」である。一方、わが国は漢字表記「中華民国」を直接そのまま使用することも行われた。その場合、「中華」という表記の厚かましさ（唯我独尊）には目をつぶったのである。

以上により、「中華民国」又は「中華人民共和国」の略称として中国と表記することはともかく、中国大陸、中国語、中国人……等を、支那大陸、支那語、支那人等と表記呼称するのは蔑称でないばかりか、むしろ本来のものである、ということである。本書においては、おおむね右の考え方に従っているが、慣習による従来通りの表記をしている場合もある。

二

先に述べたとおり、支那はわが国と共に欧米の侵略と闘うことはしなかったが、辛亥革命当時までは明治維新に学び近代化を推進する動きは強く、わが国は政府民間ともそれに同情していた。しかし、辛亥革命の勃発に対してわが国は列強と歩調を合わせて自国の権益擁護を第一義とせざるを得ず、革命に対する態度をめぐって国論は分裂した。

中華民国（北京）の総統となった袁世凱は、日本との協力を装いつつ中華主義の伝統的外交策略、夷を以て夷を制する（外国同士を対抗させ漁夫の利を得る）、遠交近攻（遠国と結び近くの国＝日本を攻める）に従ってわが国に対応した。袁世凱は帝制を目指して失敗し、孫文は広東国民政府を樹立、支那は南北分裂、軍閥割拠抗争の時代に入る（注）。

折からロシア革命の影響を受けて青年学生を中心に反帝反日運動が起こる（一九一九年・五四運動）。その際、先に述べた二十一カ条要求が格好の攻撃目標とされた。一方、孫文はそれまでの日本人の支援から離反、ソ連・コミンテルンに接近、一九二四年、国民党は、連ソ容共、すなわちソ連及び共産党との連携を決定する（第一次国共合作）。これが支那にとっても日本にとっても決定的な災厄の始まりであった（注2）。

（注）辛亥革命から北伐完了までの主要政権の動向は概要左記の通り

’12　一月　中華民国成立、孫文第一代臨時大総統（南京）。
　　　　　宣統帝退位（ただし、清室優待条件の協定により紫禁城に居留）。
　　三月　袁世凱第二代臨時大総統（北京遷都）。宋教仁暗殺。
　　七月　孫文ら第二革命（鎮圧）。
’13　十月　袁世凱、中華民国大総統（以下北京の政権を「北洋政権」という）。
’15　十一月～翌年三月、袁世凱皇帝（中華帝国）。
’16　六月　中華民国（北洋政権）黎元洪《れいげんこう》大総統・段祺瑞《だんきずい》国務総理。
’17　七月　張勲《ちょうくん》復辟。
　　　　　孫文、広東軍政府（護法政府）樹立、失敗（第三革命・第一次護法戦争）。
　　　　　馮国璋《ひょうこくしょう》、北洋政権代理大総統。
’18　十月　徐世昌《じょせいしょう》、北洋政権大総統。
’22　六月　黎元洪、同右。
’23　二月　孫文、第三次広東軍政府樹立→国共合作。

'24　十月　曹錕《そうこん》、北洋政権大総統。
　　十月　馮玉祥《ひょうぎょくしょう》クーデター（「北京政変」）、宣統帝溥儀を紫禁城より追放。
　　十一月　段祺瑞、中華民国臨時政府（北洋政権）執政（曹錕の後継）。
'25　七月　国民党、中華民国国民政府（広東国民政府）を樹立・汪兆銘主席。
'26　三月　中山艦《ちゅうざんかん》事件。同月汪兆銘出国。
　　七月　蔣介石、国民党中央執行委員会常務委員会主席に就任。
　　十一月　広東国民政府、武漢に遷都（蔣介石は南昌遷都を主張）。
'27　四月　北伐軍、上海・南京を占領。上海クーデター。汪兆銘帰国。
　　　　南京国民政府樹立（武漢国民政府と分立）。
　　六月　張作霖、安国軍陸海軍大元帥（北洋政権）。
　　八月　武漢国民政府、南京遷都・南京政府と合同。
'28　六月　北伐軍、北京を占領（北伐終了）。

（注2）コミンテルンは植民地従属国の独立運動を、反帝闘争として世界プロレタリア革命運動の同盟者と位置づけていた。それは、民族自立による国民国家の形成に価値を認めたわけではなく、それが帝国主義に打撃を与え弱体化させる効果を持つこと、あわよくば独立戦争の指導権をプロレタリアートつまり共産党が握り、プロレタリア革命に転化発展させることを最大の目標としていた。それでも、**白人の側から植民地解放の意義がはじめて組織的に提起されたのであるから、ロシア革命とコミン**

テルンの画期的影響を見落とすことはできない。その意味におけるコミンテルン路線の成功例としてベトナム革命、及び変則的な形ではあるが、キューバ革命をあげることができる。しかし、中国革命を同列の成功例に挙げることは到底できない。

国民党には大量の共産党員が入党、枢要ポストを占めて反帝抗日路線を推進した。孫文の没後、北伐戦争の途次、蔣介石は共産党と決別し、第一次国共合作は終了するが（一九二七年「上海クーデター」）、共産党の勢力と反日路線はすでに広く浸透していた。共産党にとって孫文の三民主義の実現などどうでもよいことである。コミンテルンの戦略により、「帝国主義」を弱めるためにその最も弱い環、すなわち日本に打撃を集中することが一貫して追及された。

領事裁判権の解消、関税自主権の回復等、不平等条約の廃止にしても条約に基づく交渉など一切無視した「革命外交」が展開され、その矛先は、古くから支那の地に進出していた欧米諸国よりも先ず日本に向けられた（一九二八年、日清通商条約の一方的破棄宣言など）。北伐過程における「第一次南京事件」「済南事件」等の反日暴動も、多くの場合、国民党も制御困難な状況下で発生した。

一方、わが国がその権益を死守せざるを得ない満洲においては、馬賊上がりの軍閥張作霖が、当初は日本と協力的であったが、その権力基盤が固まり、北京の中央権力にまで進出するに至ると、満鉄の並行路線の建設等、日本の権益を侵食し、日本人を排斥するに至った。そうした中で一九二八年（昭和三年）、北京から奉天（現・瀋陽）に帰る途上、張作霖の列車が爆破され、張は死亡した。これは関東軍河本大作大佐の陰謀とされてきたが、最近、河本の仕掛けた爆薬は張の乗る車両を爆破していないことが明らかにされ、他に犯人がいると推測されている（加藤康男『謎解き「張作霖爆破事件」』平成二十三年刊、ＰＨＰ新書）。

しかしここで、あえて一般の神経を逆撫でしそうなことをいうならば、この時の張作霖は日本軍に爆破されても、当然とまではいわないにしても、仕方がなかったことであろう。願わくば、爆殺などという小手先のやり方ではなく、国を挙げて正面から堂々と張作霖に討伐戦争を仕掛けていたならば、数年後の満洲国誕生は、もっとすっきりしたものになっていたことであろう。

作霖亡き後を継いだ息子の学良は親に輪を掛けて反日であり（爆破の「真相」が日本軍によるものと知ったからだといわれるが）、折から北京に入っていた北伐軍に呼応して奉天に中華民国の国旗（青天白日満地紅旗）を掲げ（易幟《えきし》）、満洲を含め国民政府の下に統一が完成したかのような形となる。

しかし、北伐軍は北京の北洋軍閥政権を打倒したものの、満洲の地は張学良軍閥支配の継続であり、北伐軍の内情は、主要軍閥の寄せ集めであり、蔣介石の国民党軍はその中の一つに過ぎなかった。蔣介石は張学良の支持を得ることによって北伐後の軍閥との戦争で優位に立つことが出来たが、反面、蔣介石の内戦勝利後の最大脅威は最強の軍事力を誇る張学良ということでもあった。

三

こうした状況下で、一九三一（昭和六）年九月、満洲事変が勃発した。石原完爾の巧みな作戦によって半年以内に満洲全域を関東軍は制圧し、翌年（昭和七）三月には――清朝最後の皇帝、宣統帝溥儀《せんとうていふぎ》を執政（後に満洲国皇帝）に招いて――満洲国を建国、一九三三（昭和八）年五月の塘沽《タンクー》停戦協定によって国境確定をめぐる日支間の軍事的衝突は終結した。
この満洲事変による満洲国建国が、中国固有の領土の侵略であると一般に広く主張され信じられているが、そうではない。日本が領土として併合したならばともかく、満洲国の独立自体は正当なものである。当時米国は、ワシントン会議（一九二二〈大正十一〉年）における九カ国条約に規定した中国の主権領土尊重義務違反として不承認を宣言したが（スティムソン・ドクトリン）、先に述べた北伐の経過を見ても明らかなとおり、「ワシントン体制」下の支那に統一政権すら存在せず、満洲が中国の一部であると断定できる状態ではなく、張学良の「易幟」なるものは、その軍閥支配の継続を正統化するための策略に過ぎなかったことなどから見ても、この〝不承認宣言〟に正当な根拠はない。満洲国の正統性根拠は、渡部昇一氏が、この書物が証拠として採用されていたら東京裁判は成立しなかったであろう、と断定している一書（R・F・ジョンストン著『完訳　紫禁城の黄昏』上・下、中山理訳、渡部昇一監修、祥伝社、平成十七年刊。東京裁判では「却下」された）で明らかにされている。その中の一節を抜粋する（傍線は引用者による）。

帝室が（辛亥革命のとき――引用者）満洲に逃避して、革命主義者と妥協しなかったとしても（実際は妥協して退位したのである――引用者）、地方の軍閥（中でも張作霖はすでに傑出していた）や地方政府が帝室に敵意を抱いたり、反対したりするとは到底考えられない。それどころか、大清朝のもとに「満蒙《まんもう》」帝国がシナから完全に独立することを宣言し、それを成功裏に維持することも決してありえないことではない。そうなれば、やがて熱河《ねっか》、察哈爾《チャハル》はもちろん、新疆《しんきょう》（外蒙古）、甘粛《かんしゅく》の回教地区やチベットまでも、これに合流したかもしれないのである。……／これらのほとんどの諸国は、まさに満洲皇帝たちがシナを征服したとき、あるいはその直後に、帝国の領土に加わった地域なのである。（中略）／……「満洲国」は、一九三二年ではなく、一九一二年に生まれていたであろう（下、六一～二ページ）。（中略）そうこうするうちに、……一九一九年には、共和国制度がそのまま満洲まで拡張され、行政機構を支配するようになっていたのである。／張作霖は共和制には何の同情も寄せていなかったが、自分の利益の確保となると抜かりがなかった。……皇帝と敵対するような既得権が存在（するに至った――引用者）……（中略）

このような認識があったために、彼ら（君主主義者――引用者）はすべての行動の先延ばしを黙認するようになり、共和制の内部の腐敗によって崩壊するのを待つか（この願望の達成は大いに期待できた）、あるいは満蒙に何かが起こって外国が干渉してくるのを待つことにしたのである。

その「何か」がどのようなものかは、誰にも分からない。しかし、遅かれ早かれ、日本が満洲の地で二度も戦争をして獲得した莫大な権益を、シナの侵略から守るために、積極的な行動に出ざるを得なくなる日が必ず訪れると確信する者は大勢いた。日本と中華民国（特に満洲で共和国の代表と主張する者たち）が抗争すれば、自分たちが待ち望む好機が訪れるだろうと君主主義者は考えていた（同、六八～九ページ）。

満洲事変が「柳条湖事件」という鉄道爆破の陰謀から始まったことは不名誉なことに違いないが――その直後の急行列車が無事通過できたというのだから、破壊謀略としては他愛ないものであった――、それは、事変そのものを正当化するために必要なものではなく――当時現地の反日行動は、幣原協調外交下の外務省でさえ出先においては「武力解決」が重要オプションとして提起される程の状況であったのだから、決起の名分を立てるための陰謀など不要だった――、軍を動かすための国内向け陰謀であった、と見ることができる。そのことが、この事変以後の国内政治と軍の統制上の様々な問題を生んだことは明らかである。

石原自身、後に参謀本部作戦部長に在任中、支那事変の不拡大を指示したにも拘わらず、現地の参謀達から〝われわれは石原さんが満洲事変の時にやったことをまねしているだけですよ〟といわれて二の句がつげなかった、というエピソードはよく知られている。けれども、それらはもっぱら国内問題であって国際的に非難される筋合いのものではない。まして、その陰謀を、満洲事変を侵略と決めつける根拠にはできない。それは、このような陰謀によってしか「満蒙問題」という明治以来の課題の解決が図れなかった日本の不幸不運を物語るものと言う他にないであろう。

満洲国を近代国家の基準から見て（又は五族協和・王道楽土の理想からみて）、その及ばない点について様々な批判がなされているが、満洲国の寿命はわずか十三年、例えば、明治維新から十三年目の日本と（年譜により）比べてみても、――明治十年に西南戦争が終わり、翌十一年四月、内務卿大久保利通刺殺、同六月、陸奥宗光ら挙兵陰謀で逮捕、十二年四月、琉球藩廃止、沖縄県設置、十三年四月、国会請願運動を拘束、「集会条例」制定、河野広中ら国会開設請願書を提出（却下）、十二月、伊藤博文立憲政体に関し建白……、と未だ政体の基本さえ定まりかねていたのであるから、全く国家的基盤のない土地に、しかも最後の三年余は大戦の最中であったことを考慮するならば、その批判は全く〝酷〟というものである。

山東や河北の地から兵乱や天災、軍閥の暴政などを避けて満洲の地に逃れてきた漢人農民達にはじめて安住の機会を与えた、それだけをとっても数千年来の支那大陸歴史上画期的なことであったのだ（満洲国の人口四千万の九割以上が漢人であった）。満洲国が三十年、五十年それ以上継続していたならば、とその可能性をこそ研究すべきであろう。

四

蔣介石は、満洲事変勃発に接して、「日本人による侵略によって、第二次世界大戦はここに始まる。…」「余は倭寇と一戦を交えることを決心した」と日記に記したという（防衛研究所岩谷將《のぶ》「一九三〇年代半ばにおける中国の国内情勢判断と対日戦略」）。しかし、その決意は表面に出さず、日本と戦う前に先ず自らの足下を固めることに専心する。哀れ張学良は満洲本土を追われ、錦州に集結して反撃を狙ったが関東軍の空襲を受けて敗退、根無し草となった。

蔣介石は張学良を支援しなかったばかりか、敗北の責任をとらせて北部軍司令官のポストを解任、張学良の軍を解体し、国民党軍に組み入れた。蔣介石は、その後の対日戦闘においても国民党軍（「中央軍」といった）を投入することはなく、各軍閥の軍を出撃させ、日本軍の攻撃によってそれらを解体させたのである（「雑軍整理」）。満洲事変は、中華民国の安定権力成立にとってプラスに作用したのである。

一方、南方においては、蔣介石の反共攻撃によって敗退していた共産党は力を再結集して、満洲事変勃発直後の三一年十一月、江西省瑞金《ずいきん》に「中華ソビエト共和国」を樹立した。満洲では三〇年五月、間島《かんとう》（ほぼ現・吉林省延辺《えんぺん》朝鮮族自治州）で朝鮮共産党武装蜂起、同八月、中国共産党撫順特別支部の朝鮮人による暴動（八一吉敦《はちいちきっとん》暴動）、同年十一月、二十数名の中共党員を検挙したところ、「十二月、全国ソビエット代表大会前後を期し撫順を中心に奉天、大連、ハルピンに一大暴動を起しソビエット政府を樹立せんとする陰謀が撫順炭坑支那坑夫を中心に計画」されていたこと（当時の『京城日報』報道）が明らかになった等のことと照らし合わせて見るならば、南北相呼応した決起が意図されていたことが推定される。

日本警察はそれらを鎮圧・防止し、満洲事変はその後の北方の脅威を取り除いたことになる。それは蔣介石政権にとって大きな掩護となったことであろう。そして三四年、瑞金ソビエトは陥落、共産党は敗走し、それを「大長征」と称した。三五年には陝西省延安に到着し、そこが共産党の拠点となったことは知られるとおりである。

蔣介石のその後の対日外交は、「東北（満洲）の不譲渡・満洲国不承認」を絶対条件としながらも、汪兆銘国務委員長兼外交委員長の「一面抵抗・一面交渉」という路線を前面に立て、「譲歩と妥協」

の態度で臨んだ。その結果、満洲国と中華民国の間では、北平・奉天間の直通列車の乗り入れ、郵便物の取扱い、通関問題等が解決し、日本と国民政府間の大使交換（領事から大使への格上げ）等が実現し、外交関係は極めて平穏良好であった。皮肉なことに、辛亥革命後、支那事変に至るまでのこの数年間が、日中間の最も友好的で安定した期間なのであった（注）。

この事実は、満洲事変が「日中十五年戦争」の始まりである、とする今日の「十五年戦争」論が、如何に事実に反するものであるかを示している。**「十五年戦争論」とは、支那事変の真の原因を覆い隠すためのポツダム・イデオロギーによる歴史偽造に他ならない。**

（注）ただし、満支国境と長城の間の非武装地帯の軍事的小競り合いは繰り返されていた。蒋介石の「雑軍整理」に利用された面もある。その都度現地解決が図られていたが、正式な外交問題として解決しなかったことは禍根を生むことになった。陸軍が現地解決にこだわったのは、現地の軍事紛争の解決である限り、それは「統帥権」の枠内の問題であり、政府の容喙《ようかい》を避けられる、という理由だったというから無責任である。

昭和十年五月天津の親日新聞社の社長二名の暗殺事件が相次ぎ、その現地解決策として同年六月「梅津・何応欽《かおうきん》協定」が締結された。「河北省内の国民党支部の廃止・国民党軍の撤退、河北省主席（于学忠《うがくちゅう》）の罷免、全国の抗日運動の禁止」を主内容としている。ところが、当の何応欽は、そのような協定は存在しない、と一貫して主張していたという。

同志社大学の内田尚孝《なおたか》教授の研究によれば、支那駐屯軍司令官梅津美次郎《よしじろう》の名前で、国民政府の軍政部長兼北平軍事委員会委員長代理の何応欽に対して上記内容文書が手渡され、何応欽は、注意深く協定の形にならないよう署名捺印した文書で回答した、というのであるから、何応欽の言い分が正しいと思われる。つまり、梅津は何《か》に一杯食わされたのである。専門の外交官が関与していれば絶対に起こりえない大失態である。国民党中央軍の河北省からの撤退を含む大事を、一片の紙切れの通告で実現しようとした軍の安易な思い上がりが──国民党軍の撤退は、国民政府の妥協策として実現した──日本軍の〝侵略〟を追及する口実とされたのである。

「梅津何応欽協定」は続く土肥原秦徳純《どいはらしんとくじゅん》協定とともに、河北・山東・山西・察哈爾《チャハル》・綏遠《すいえん》の五省においで、南京政府から自立した親日政権を樹立する華北分離工作の始まりといわれているが、そのような重大政策が、現地軍だけで推進（軍中央は追認追従）されたことが、反日挑発の陰謀につけ込まれる隙を生んだ。後に、北京東方約十八キロ通州に樹立された親日自治政権殷汝耕《いんじょこう》政府の保安隊（支那人によって構成される治安部隊）が、現地駐屯軍（章末付録参照）の盧溝橋事件解決のため北京に移動した隙に反乱を起こし、日本人住民を虐殺する「通州事件」（付録2参照）が惹起された。

五

延安に到着した共産党は、青息吐息の状態であった。この時期までに蔣介石はナチス台頭下のドイツから武器援助と軍事顧問を招聘して軍事力強化に取り組んでいたから、放置すれば共産党が壊滅させられるのは時間の問題であったろう。そうなれば、ソ連にとっては西方の最大脅威ナチスドイツの同盟国としての蔣介石政権が東方の脅威となり得る。それを防ぐためには、毛沢東の共産党を蔣介石の攻撃に耐えられるだけの力を保持するための支援が必要であった。

しかし、共産党が国民党と戦い勝利するには、あまりにも力関係が開きすぎていたから、蔣介石の力を日本との戦いに向かわせることが必要だった。そして、このとき共産党以上に追い詰められていたのが満洲から追われて根無し草になっていた張学良だった。張は、ソ連、共産党と結び、蔣介石に共産党攻撃を止めさせ、国共が共同して日本と戦う以外に生き延びる道はなかった。そこで引き起こされたのが、三六（昭和十一）年末の西安事件（共産党攻撃を督戦するために西安を訪れた蔣介石を拉致）であった。

これは共産党と張学良の合作による陰謀であり、毛沢東にとって積年の敵蔣介石を亡き者にする絶好の機会であったが、スターリンは蔣介石を殺害してはならないと厳命したと言う。その理由は右に述べたことから明らかであろう。この事件から第二次国共合作への動きが進むことになる。ここに塘沽協定以来の日中間の安定的友好的な関係の時期は終わりを告げ、国民党蔣介石政権の言動は次第に反日的になってゆく。

蔣介石にしてみれば、先にその日記で見たとおり、西安事件をまつまでもなく抗日の意図は秘めていたのであるが、その開始時期を強要されたことは不本意であったに違いない。出来るだけ対日戦は先に延ばし、自らの体制準備と主導権確保を狙ったからである。しかし、盧溝橋事件に始まり第二次上海事変に至る、共産党の策動による様々な反日的挑発行動によって、日中戦争に突入する。日本側は、支那側の様々な挑発に対して、それを懲らしめる（「膺懲《ようちょう》」する）ための一撃を加える、という戦闘が、ずるずると長い戦争に引きずり込まれる結果になったのである。

付　録

支那事変について、戦後日本人の誤解を解く分かりやすい問答体の文章として、岡野篤夫《とくお》『蘆溝橋事件』（旺史社、昭和六十三年刊）より抜粋紹介する（**友人**の質問は原文のまま、著者の**答え**は適宜要約、省略し、カッコ内に引用者の補足を加えた）。

友人　いろいろ聞いたところによると、最初に中国軍から一発射ち込まれて（盧溝橋）事件が始まったということでしょう。それが僕にはおかしいと思うんだ。そんなことより、日本軍が何故北京の近くのそんなところまで行っていたのか、ということの方が先ず問題ですよ。日本軍が目の前まで来さえしなければ、いくら中国軍だって、射つはずはないですものね。だから原因はやはり日本軍の方にあるんじゃないですかね。

答え　実に多くの人がそう考えているんですね。私たちは、日本の支那駐屯軍というものがずっと昔からそこにいたことを知っているので、そういう発想が起こることに気がつかなかったんですね。考えてみると、（戦後）中国は長い間日本人の視野から消えていた。そして十数年前に（日中国交回復によって）日本人の目前に現れた。大部分の人は、その新しく現れた中国しか知らない。

昭和十二年当時は、中国と日本の関係はまるで違うんです。

事件が起きたのは昭和十二年、その当時の中国の状態、その当時の中国と日本の関係でものを考えないと、本当のことはわからないんですよ。

友人 それでも両方とも独立国は独立国だったんでしょう。

答え それはそうです。しかし、明治三十三年（一九〇〇年）排外的中国人の団体（「義和団」）が暴動を起こし、西洋人が迫害され、殺され、北京の各国公使館まで包囲されてしまった（当時、西《せい》太后《たいごう》の支配していた清朝は暴動を支持し、列国に宣戦した）。それに対して各国は軍隊を派遣して一年三ヵ月をかけて暴動を鎮圧（西太后一派は逃亡。この事変を「義和団の乱」または「北清事変」という）、再発防止のために清朝政府と各国政府との間で条約を締結し、議定書（「北京議定書」）によって、各国それぞれ駐屯軍を置いて、居留民の生命財産の安全と通商の自由を確保することが決められたんです。軍隊を出して暴動を鎮圧したのは、日、英、米、仏、露、独、伊、墺（オーストリア）の八ヵ国、議定書には他の三ヵ国（ベルギー、スペイン、オランダ）を加えて十一ヵ国でした。

蘆溝橋事件のとき北京（北平）にいた日本軍というのは、この議定書で決められた日本の支那駐屯軍なんです。

もう一ついえば、中国には（戦前）いろんな兵乱があったけれども、北京・天津地区は、各国駐屯軍のお陰で、明治・大正・昭和と平穏な状態が続き、商業取引も文化も繁栄していたわけなんです。

友人 そんなに前から日本軍がそこにいたなんて知りませんでしたが、その日本の駐屯軍が、わざわざ中国軍の前まで行って演習をやったというのは、ちょっとおかしいんじゃないですか。おとなしく居留民の保護だけしていればいいのに。

答え　各国の駐屯軍が演習をやるということ、その場所はどこでも構わない（通告だけすることになっていた）ということなども、先の議定書で決められています。それより先に知っておいていただきたいことは、軍隊というものは、戦争のないときは、いつでも演習ばかりやっているということです。自衛隊も同じです。

友人　でも、日本軍は中国軍の前で夜間演習までやったというじゃないですか。それを口実にして、いつ夜襲をかけられるか分からないと言うので、中国軍はオチオチ寝てられなかったという話ですけど。

答え　夜間演習はどこの軍隊でもやることです。実際の戦争は夜でもやりますから。夜の戦争がうまいか拙いかが、戦争の勝敗を決めるんですよ。

友人　中国軍もそういうことわかっているのでしょうか。

答え　そりゃわかってますよ。中国軍だって軍隊ですよ。

よくわかっているくせに、（戦後の日本人が軍のことを全く知らなくなってしまったことをいいことにして）日本軍を悪者にするために、後になってから「挑発的な演習をやった」とか「夜間演習を口実にして中国軍を攻める気だった」などと言いふらしてるわけなんです。戦後の日本人は、それを真に受けて「そうなんだろうか」と思っているんですよ。

友人　ふーん、そういうものですかねえ。けれど、日本軍はその駐屯軍を一年前に三倍に増やしたというじゃないですか。やっぱり何かやる下心があったんじゃないですか。

答え　それも、中国側の宣伝ですよ。日本軍はその時わざわざ「支那駐屯軍増強」などと自分で宣伝しているので、それを逆手に使われているわけです。

北支の居留民は以前からみるとずっと殖《ふ》えていますし、居住する範囲も広まっている。そこへ前年、昭和十年には宋哲元《そうてつげん》率いる兵力十万を誇る第二十九軍がチャハル省からこの地区に移ってきた。この第二十九軍の首脳部は日本と仲良くやっており、日本も軍事顧問を派遣していましたが、内実は抗日意識が極めて強い軍隊でした。

そういう状態ですから、北支全体で二千人、北京歩兵隊は五百人というようなのではどうにも少な過ぎたわけです。そこで北京と天津を連隊編成にして、全部で五千五百人ほどになったわけです。なるほど倍率でいえば二倍か三倍になったわけですが、数からいえば第二十九軍の十万に比べればとても戦争を始められる兵力とは言えません。しかも北京・豊台にいたのはそのうち千二、三百人です。

友人　そういうことがわかっているんだったら、日本側はなぜはやくそれを説明しないんですかねえ。それがわかれば僕だって、考えが変わるじゃないですか。

答え　その通りです。しかしそこが「勝てば官軍、負ければ賊軍」ですかね、それを言いたくてもいう機会が無かった。第一、君のいう「日本側」とは一体誰なんです。中国側に対して日本側になる人なんていません（でした）よ。とにかく、日本人の口から「日本軍は悪くなかった」ということをいえなかったんですものね。「日本は侵略者だ」といわなければ、日本人同士の間でも通用しなかったんですよ。今でもそうかも知れません。

友人　なる程ねえ。「負ければ賊軍」か。（以下略）

付録2

通州事件についての東京裁判における証言

当時支那駐屯歩兵第二連隊長萱島中将

私の目撃したものはあまりに残酷であり、一生忘れることのできない印象となっている。旭軒とかいう飲食店では四十から十七、八歳までの女七、八人がみな強姦され、裸体で陰部を露出したまま射殺されていた。そのうち四、五名は陰部を銃剣で突き刺されていた。錦水楼という旅館は最も凄惨で、そこは危急を感じた在通州の日本人が集まった様子で大量虐殺を受けていた。

元陸軍少佐、桜井文雄氏（千葉市）

守備隊の東門を出ると、数間ごとに居留民男女の死体が横たわっていた、某飲食店では一家全部首と両手を切断され、十四、五歳以上の婦女は強姦されていた。旭軒では女が全部裸体にされ強姦射刺殺され、陰部にほうきを押しこんである者、腹部をたてにたち割ってある者など見るにたえなかった。

東門の近くの池では首を電線で縛り、両手に電線を通し、一家六人数珠つなぎにした死体が浮かんでおり、池の水は真っ赤になっていた。夜半まで生存者の収容にあたり「日本人はいないか」と叫んで各戸ごとに調査をすると、鼻に牛のように針金を通された子供、片腕を切られた老婆、腹部を銃剣で刺された妊婦などがチリ箱の中や塀の陰から出てきた。

『東京裁判　上』（朝日新聞東京裁判記者団　朝日文庫、平成八年刊）

第三章　占領下憲法体制の帰結

第一節　占領下憲法のイデオロギー的構造

まず、占領下憲法はわが国にポツダム・イデオロギーを定着させ・浸透させるものであることを、その「前文」を中心に明らかにする。憲法前文は次の一節をもって始まる。

日本国民は、正当に選挙された国会における代表者を通じて行動し、われらとわれらの子孫のために、諸国民との協和による成果と、わが国全土にわたつて自由のもたらす恵沢を確保し、政府の行為によつて再び戦争の惨禍が起ることのないやうにすることを決意し、ここに主権が国民に存することを宣言し、この憲法を確定する。

傍点部分の「政府の行為による戦争の惨禍」とは、先の（アジアにおける）大戦が日本政府の行為によって起こされたことを述べている。そう述べていることは明白で、それに異存を挿む人はいないだろう。そこには、先の大戦が諸国間の対立・国際関係によって起こされたという視点は全く欠落し、又はそうした視点は隠蔽されている。そこから当然、先の大戦は日本政府の間違った行為によって引き起こされたのであり（注）、それは「侵略戦争」であること、そのもたらした惨禍の責任はすべて日本政府にある、という結論に導かれる。

そこで、そのような政府の行為を許さないために、諸国民との協和による成果と自由の恵沢を確保することが必要であり、主権が国民にあることを明示したこの憲法の制定が必要かつ正当である、と宣言している。このわずか数行のうちに、戦争に対する贖罪意識――ウォー・ギルト・インフォーメーション・プログラムを通じて日本人の精神に内面化されたポツダム・イデオロギー――を確認し再生産する「装置」が埋め込まれている。この贖罪意識は自己正当性・アイデンティー・自国の歴史等に対する疑念と否定を生み、その自虐的精神が、以下に述べる押し付けられたイデオロギーを、あたかも自発的意思をもって摂取しているかのように思い込ませるのである。

（注）　アメリカ側が先の大戦を日本の侵略とする最大の理由は「真珠湾の騙し討ち」論である。しかし、真珠湾攻撃は、先制攻撃ではあるが、挑発された攻撃である。真珠湾攻撃の約十日前、ハル国務長官がいわゆる「ハル・ノート」を日本政府に手交したとき、その内容は日米和平交渉の打ち切り、すなわち一つの挑発であり、事実上の宣戦布告である。それに先立つ、経済封鎖（ＡＢＣＤ包囲網と、石油禁輸をふくむ全面的経済封鎖）が大挑発というべきものである。さらに支那事変におけるアメリカの蔣介石政権に対する支援は、事実上の対日参戦に近いものであり、少なくとも中立法違反の非難は免れない。

宣戦布告の通知が（事務上の手落ちによって）攻撃開始より一時間ほど遅れたことが「騙し討ち」とされる直接の原因であるが、それは国際法違反といっても些細な形式犯に過ぎず、米国側が、日本の外交暗号文を解読し、宣戦布告の内容を知っていたことは今日ではよく知られている。真珠湾攻撃自体は、戦時国際法で認められた戦術上の先制攻撃であり、攻撃目標は注意深く艦船及び軍事施設に限定されており、違法性はない。ルーズベルト大統領は、真珠湾攻撃を受けて対日開戦の同意を得るための議会演説において、「ハルノート」手交とそれに先立つ日米交渉の事実を隠し、「騙し討ち」非難によって日本のへの怒りをかき立てたのである（ジェフリー・レコード著『アメリカはいかにして日本を追い詰めたか』、ハミルトン・フィッシュ著『ルーズベルトの開戦責任』、いずれも渡辺惣樹訳・草思社刊。ここでの焦点は、前者の訳者解説であるが、それを読めば、きっと後者を読みたくなるに違いない）。

冒頭の「正当に選挙された国会における代表者を通じて行動し」という文章は、代表制民主主義の原理に則った当然の行動の記述のように装っているが、言論統制と立候補者の大量追放の選挙で選ばれた議会に、国際法無視の押しつけ憲法を無理矢理に審議採決させた事実を隠蔽するものであることを見据えなければならない。

続く次の文章を見よう。

　そもそも国政は、国民の厳粛な信託によるものであつて、その権威は国民に由来し、その権力は国民の代表者がこれを行使し、その福利は国民がこれを享受する。これは人類普遍の原理であり、この憲法は、かかる原理に基くものである。われらは、これに反する一切の憲法、法令及び詔勅を排除する。

ここの傍点部分は、第六章で述べるとおり英国名誉革命を正当化した思想家といわれるジョン・ロックの理論を想起させる文言であり、また、この憲法の起草者つまりGHQの軍人たちが、リンカーンのゲティスバーグ演説（「人民の人民による人民のための政治」）を念頭に置いて書いたともいわれるが、いずれにしても民主主義の原理に対する類型的説明の一つに過ぎないものである。

それを「人類普遍の原理」と絶対化した上で、それに反する「一切の憲法、法令及び詔勅を排除する」ということによって、戦前日本の憲法（明治憲法）とそれに基づく法令・詔勅の多くが人類普遍の原理に反するものとされるのである。

一般に新たに憲法が制定されれば、旧憲法下の法令・詔勅等のうち新憲法に矛盾する内容のものは無効とされ、改廃されるのは当然のことであり、言わずもがなのことをあえてこのように記述したのは、明治憲法を全面的に否定排撃し、戦前からの歴史伝統の断絶を企図する底意によるものと見る他はない。

そこまで悪く解釈することはない、という向きがあるかもしれない。しかし、この前文で宣言しているような改憲案を政府が提出し、それを議会が審議・議決することが、明治憲法下の制度と改正条項そのままで、適法的・合法的になしうると考えることには無理がある（注）。その無理を強行させたものは占領軍の超憲法的権力に他ならないのであるが、宮澤俊義が「ポツダム宣言受諾がすなわち革命である」、という珍説（「八月革命説」、第六章で詳述）によって占領軍の無法を正当化し、多数の憲法学者がその珍説を許容し追随することによって占領下制定憲法を「適法化」した。そのような憲法である以上、明治憲法を〝革命的〟に否定されるべき、時代遅れの反動的憲法とする他はないのである。

（注）　明治憲法の改定条項は次の通りである。

第七十三條　将来此ノ憲法ノ條項ヲ改正スルノ必要アルトキハ勅命ヲ以テ議案ヲ帝国議会ノ議ニ付スヘシ

2　此ノ場合ニ於テ両議院ハ各々其ノ総員三分ノ二以上出席スルニ非サレハ議事ヲ開クコトヲ得ス出席議員三分ノ二以上ノ多数ヲ得ルニ非サレハ改正ノ議決ヲ為スコトヲ得ス

この条項において、議会に発議権はなく、従って、日本国憲法前文のような提案が不可能なことは明らかである。先ず、この改正条項を議会に発議権を与えるように改正し、その後に、議会が発議することが必要である。

ここで強調される「人類普遍の原理」の本質は、第十章「最高法規」第九十七条「この憲法が日本国民に保障する基本的人権は、人類の多年にわたる自由獲得の努力の成果であつて、これらの権利は、過去幾多の試錬に堪へ、現在及び将来の国民に対し、侵すことのできない永久の権利として信託されたものである」という規定によってより明らかにされる。

「信託された」、〝誰から？〟〝連合国（戦勝国）から、占領軍を通じて。〟

かくて「この憲法が国民に保障する基本的人権は侵すことのできない永久の権利として、現在及び将来の国民に与へられる」（第十一条）ことになったのであり、「国民の不断の努力によつて、これを保持しなければならない」（第十二条）。これに逆らう者は、すなわち人類多年の闘いの敵であり、我ら日本国民は、唯ひたすら与えられた自由と権利・基本的人権を不断の努力によって守らなければならない。

何にせよ「『基本的人権』という言葉は、ポツダム宣言に由来する」のであり「そこに『……基本的人権の尊重は、確立せらるべし』とあるのを受けて、『基本的人権』の尊重が、日本国憲法の基本原理となった」（宮澤俊義著・芦部信喜補訂『全訂日本国憲法』）のである。以来この語は国際的に誰も否定し得ない普遍的意味の語とされてきたが、元来、政治的イデオロギー用語であることには注意を要する。ちなみにアメリカ合衆国憲法にこの語は存在しない。

ともあれ、「人類多年の闘いによって獲得された自由と権利」は、結局法律＝憲法の規定によって保障されるのであり（立憲主義）、従って、自由と権利には一定の条件と制限が付随していることが当然のこととして含意されている。「人は生まれながらにして自由である」、「権利は天から与えられた」という「天賦人権説」は、（「王権神授説」による）圧政と闘うときの宗教的信念のようなものであり、レトリックにすぎない。ところが、わが占領下憲法における自由と権利は法による保障以前に文字通り「天賦」のものでなければならず、従って法律で制限されるようなものであってはならない、とされる。少なくとも占領下憲法の「正統的解釈」ではそう主張せざるを得ない。

なぜなら、もし、わが国が（外国において）法律で保障されている自由と権利を「信託され」「与えられ」たとするならば、それはただ外国人の制定した法の物まねであり、それを押し付けられて黙諾《もくだく》しているに過ぎないことになってしまうからである（注）。

そして、明治憲法は、その諸権利規定において「法律ノ範囲内ニ於テ」、「法律ニ定メタル場合ヲ除ク外」等の制限をつけているから、真に権利を保障するものではない、と難癖《なんくせ》をつけ（注2）、それが人民（臣民）の権利を保障したものであり、人民がそれを享受し尊重し、ときにはそのために闘いもした、その歴史的事実は無視し否定するのである。

（注）問題は、人権が「天賦」のものであるか、法によって保障されるものか、ということではない。法で保障されるべき自由と人権を、当該国民がいかなる歴史と精神を通じて獲得したか、ということである。絶対王政と闘ったヨーロッパ市民は、それを「天賦」（つまり「神から与えられた」ことの別の表現である）のものと主張して王権神授説と対抗したのである。自由と権利を目指す純粋無垢な闘いなどはあり得ず、必ず利害と欲望が絡んでいるのであり、仮に純粋無垢な闘いがあるとすれば、それは一方的に偏った、空虚で無秩序なものにならざるを得ない。占領軍に阿《おもね》り、わが国に「信託され」「与えられ」た自由と権利の受け容れを正当化するには、現実から眼を背け、戦前の立憲制度をあたかも「神権的」絶対王政であるかのように見立て、天賦人権論を普遍的真理として扱う他になくなってしまったのである。

（注2）「明治憲法も、その第二章で臣民の権利を定めたが、そこで宣言され、保障された権利は、いずれも、明治憲法によって与えられたものと考えられ、……人間としての臣民に固有なものではなく、憲法によってはじめて与えられたものとされた。これに反して、日本国憲法が、承認し、尊重し、保障しようとする基本的人権は、人間が人間たることにのみもとづいて当然に享有すべきものであり、国家や憲法に論理的に先立つものであるとされる。その結果として、基本的人権は、法律によっても侵すことができないばかりでなく、憲法改正によってすら侵すことができないものと解される。」

（宮澤俊義、前掲書）

再び「前文」に戻ろう。「前文」後半部は次の通りである。

日本国民は、恒久の平和を念願し、人間相互の関係を支配する崇高な理想を深く自覚するのであつて、平和を愛する諸国民の公正と信義に信頼して、われらの安全と生存を保持しようと決意した。われらは、平和を維持し、専制と隷従、圧迫と偏狭を地上から永遠に除去しようと努めてゐる国際社会において、名誉ある地位を占めたいと思ふ。われらは、全世界の国民が、ひとしく恐怖と欠乏から免かれ、平和のうちに生存する権利を有することを確認する。

傍点部分の記述が、今日全く現実に合わない偽りであることは、誰の目にも明らかになっているが、重要なことは、「前文」後半のこの文章全体が、その内容の正しさ、真実性を立証しようとするものではなく、そこに書いてある言葉がそのまま「呪文」となっていることである。この前文を繰り返し読み、また聞かされて、無意識のうちに「人類の崇高な理想」に酔い痴れ、世界のあり方を直視し認識する意思と能力が失われてゆく。わが国のあり方と歴史に対する認識についても同様である。

それが、「われらは、いづれの国家も、自国のことのみに専念して他国を無視してはならないのであつて、政治道徳の法則は、普遍的なものであり、この法則に従ふことは、自国の主権を維持し、他国と対等関係に立たうとする各国の責務であると信ずる。／日本国民は、国家の名誉にかけ、全力をあげてこの崇高な理想と目的を達成することを誓ふ」という、もっともらしい最後の文章まで続くのである。

先の「注」にみた通り、基本的人権は国家や憲法に先立つものとされるのであるが、それは、それを支える「自由主義」「個人主義」及び「平等主義」などの観念とともに、正常かつ正当に「所を得る」ためには、現実の国家や共同体の規範に支えられ制限されることが必要なのである。

ところが、歴史的に形成され現存する国家、共同体、及び家族などの意義と重要性を無視ないし否定する占領下憲法は、それらの観念を支え制約するのは、「人類普遍の原理」に導かれる「公共の福祉」なる抽象的観念に依るしかないことになるが、それでは、基本的人権、自由主義、個人主義、及び平等主義の無原則、無制限の主張を有効適切に規制し制御することができない。そればかりか、個人がその福祉を「公共」に一方的に依存することを抑制することも困難にする。さらに「主権在民」といいながら、国民があるべき国家像、国家目標を見定めることを妨げているのである。

まさに占領下憲法は、ポツダム・イデオロギーとこの呪文と化した「人類普遍の原理」（普遍主義イデオロギー）とが渾然一体となった、あるいは苦みの強いポツダム・イデオロギーを普遍主義イデオロギーの糖衣で包んだ麻薬というべきものなのだ。それが憲法教育・憲法学の名のもとに、義務教育、高等教育、さらに大学・大学院を通じて、国民意識に投与され蓄積され、遂には中毒症状を呈するまでに至る。その症状の核心をなすものは国家観念の麻痺である。**その結果は、空想的平和主義の蔓延、愛国心と国家の自主自立意識の喪失、伝統的な秩序と道徳観念の崩壊である。**

　憲法第九条、とくに武力の保持を禁止した第2項は、上記の空想的平和主義イデオロギーを補強し、かつ実効的に国家の自主防衛力を喪失させ、国家の自主独立を妨げるものである。自衛隊という武装力を保持することによって自主自立の自由を一部回復したとは言え、後にみる通り、自衛隊は憲法九条によって金縛りにされている。しかし、この第九条こそ占領下憲法と現実との乖離《かいり》、矛盾を最も先鋭に表しているのであり、第九条2項の破棄削除が、占領下憲法打破の突破口となり得ることは、後に論じる。

　以上、前文を中心としたイデオロギーを、正統派解釈は、憲法の三原則――平和主義、主権在民、基本的人権の尊重――として権威づけているが、それに対して、第一条の「象徴天皇制」という特質は全く無視している。天皇制度の維持と引き替えに占領下憲法が押しつけられた経緯はすでに見てきたところであるが、その「正統的」解釈においては、マッカーサーの意図を超えて、また条文の自然の解釈をねじ曲げて、天皇制度を貶めている。天皇制度は本来廃止されるべきものであるが、ＧＨＱの指示によってやむを得ず維持されたのだ、というわけである。第一条、「象徴天皇」の規定は次の通りである。

第一条　天皇は、日本国の象徴であり日本国民統合の象徴であつて、この地位は、主権の存する日本国民の総意に基く。

この条文における、「天皇」「象徴」「地位」及び「国民の総意」との関係を噛み砕いて表現するならば、「日本国及び日本国民統合の象徴であられる天皇陛下の御地位は、国民の総意に基づいて成立している」、ということであろう。これは、「象徴」の語の意義に合致した、日本語の自然な解釈である。

ところが「八月革命説」に立つ憲法学者の多数派は、傍点の「この」が指し示す語は、その直前の（二度出現する）象徴であり、「天皇が、日本国及び日本国民統合の象徴という地位（象徴＝地位）にあるのは国民の総意に基づくことである」という意味に解するのである。これは、日本語としていかにも不自然で無理な解釈であることは、素直に日本語を解する人ならば誰しも直観されるであろう。この条文における「象徴」の語は、天皇の「働き・役割・機能」を意味するものであり、天皇の「属性」を表すのであって、「地位」という外形的（空間的）存在を規定する語に馴染《なじ》まないのである。

しかし多数派の憲法学者にとって、日本語としての不自然さなどいう「曖昧」な批判は何のその、「象徴天皇」を、国民の「総意」によって廃止可能な「地位（ポスト）」の枠内に閉じ込め、同じく象徴である旗や記章並の「もの」として扱い、「日本国及び日本国民の統合を象徴する」という活きた積極的な意味は抹消し、「象徴に過ぎない」として貶めるのである（注）。それが、憲法学・憲法教育を通じて国民意識に流し込まれている。これでは、皇室の歴史、文化、伝統が国民に正しく伝えられなくなるのは当然であり、まして、立憲制における天皇制度の意義、役割がいかにあるべきか、という問題が不明確にされるのも避けがたい。

（注）「象徴としての天皇の地位」という言い方はあり、それを短縮して「象徴の地位」と言うことを否定するのではない。この場合の「象徴規定」は、歴史的に存在し継承してきたそれ自体価値ある「天皇の地位」（皇位）の存在に基づいている。それに対して憲法学者の「象徴＝地位」論は、その歴史的存在としての皇位を否定抹消することに繋がるものである。例えば、園部逸夫『皇室法概論』は、天皇の「地位」を象徴であることに由来する価値と世襲であることに由来する価値に二分割し、前者の内容を観念的形式的に定義するとともに、後者の価値をもっぱら単なる血族的家系継承の意味に限定し、神話時代より続く歴史によって形成された政治的権威の継承原理である男系継承（万世一系）の意味を無視し棚上げする。氏が、福田―小泉内閣時代における「皇室典範に関する有識者会議」の女系容認（単純長子継承）の答申を実質的に主導したことはよく知られている。そのような形骸化した、しかししぶとい「学説」を一掃するには、この条文から「地位」の用語を削除し、その根を断つことが最も効果的であると思われる。

天皇制度のあり方は、いわゆる「国体」論の根本に関わる問題である。国体とは、国柄、国のあり方の基本構造（コンスティチューション＝憲法）のことであり、近代における国体論は、明治維新において天皇の名の下に万民を統合し、独立自主の近代国民国家を形成したことの意義を明らかにすることが本来の課題であり、立憲主義と一体的に論じられるべきものであったが、不幸にして戦前において両者は対立的関係にあり、立憲主義に対する批判的・否定的傾向が強かったのである（「天皇機関説」排撃から「国体明徴《めいちょう》」運動へ）。

占領軍は言論抑圧の一環として「国体」の用語使用を禁止し、国体論議を葬った上で、「象徴天皇制」を認めたのであるが、右に見たとおり、憲法学者の多数派は、それを「国体破壊」の方向に利用してきたのである。自主憲法を制定するためには国体論議の回復が不可欠であり、占領下憲法打破の一環として、天皇制度を弱体化・廃止させようとする動向を阻止することは、その中心課題の一つとされねばならない。

さて、以上一通りの指摘から明らかなとおり、占領下憲法は、その条規による実効的規制以前に、そのイデオロギーによる国民精神、社会、文化に対する影響力・支配力が強大であることがわかる。八月革命説に立ち「正統解釈」をもってポツダム・イデオロギーの効果を一層高める憲法学界を源流にして、教育界・法曹界の通路を経て、アカデミズム、言論界（マスメディア）、政界・官界（国家機関）、さらに経済界へと、継続的に浸透し、かつ拡大的に循環する構造が現存する（別図参照）。ここで浸透し、循環し、拡大しているイデオロギーに憲法のラベルが貼られ刻印が押されているわけではないが、その内容の正当性を憲法が保証し、お墨付きを与えていることが重要である。この回路を構成する各部分を通じて、この流れに抵抗する力は内在しているが、社会と国家の中に権力的構造として組み込まれているこの構造全体の力に圧迫され、埋没せざるを得ない。その循環的過程を通じて先に述べた**国家観念の麻痺症状**が慢性的に加重進行する。それが自虐的歴史教育と相まって嫌日的・侮日的感情を青少年に植え付け、その中から生まれた反日意識を培養し反日勢力の土壌を形成することにもなっている。

そのようなイデオロギーの悪循環を断ち切るには、占領下憲法の打破が必要であり、またそれが最も有効確実な決め手である。そのためには、**別図**左下の破線部分に見られるように、憲法イデオロギーの影響から意識的に独立した政治主体（◎）が国民意識・国民世論に働きかけ、それによって喚起された力（○）を国会に反映させ、最終的に法的な占領下憲法解体に至る過程が必要である。

このプロセスを推進する精神的基盤は、以上の循環的イデオロギー体制の重圧にもかかわらず、**なお多数国民の胸中に眠る「愛国心」**を、国家観念の麻痺症状の中から救い出し呼び覚まし、それを濃縮し強化することによって形成されるのである。

ここに明らかなとおり、**占領下憲法打破**（憲法改正・自主憲法制定）**とは、単なる憲法の条文改廃・制定に関わる問題ではなく、また、自然成長的偶発的な世論の風向きによって成し遂げられることではなく、政治的、理論的、学術的、又は思想的各分野における闘いを通じて、この権力構造及び反日勢力と対決し、それを打破することであり、同時に国民の覚醒と精神的再生に繋がるものでなければ**

A　八月革命説にたつ憲法学界を中心とするアカデミズムが、憲法イデオロギーの源泉となっている。

帯状白抜きの大きな矢印は、教育が輩出する人材とともに憲法イデオロギーが拡散することを示す。その結果、憲法イデオロギーが年々拡張累積していくことを表している。

B　マスメディアと言論界は、憲法イデオロギー拡散の最大根拠地・出撃基地である。

⇐印は、マスメディアからの、間断なき、無制約・無制限の憲法イデオロギー拡散を表す。

▽印は、規制・許認可のついた関係を示す。

左方の破線は、上記イデオロギー拡散に対抗する関係を表す。

◎　憲法イデオロギーから独立した政治勢力・団体を示す。

○　上記の政治勢力・団体の働きかけにより啓発され覚醒した国民意識・世論を表す。

その力を、D(国会)に反映させ、C(政府)を通じて、又は直接に、A・Bに働きかけ、憲法イデオロギーを克服しながら、憲法の改廃を実現する。

別図

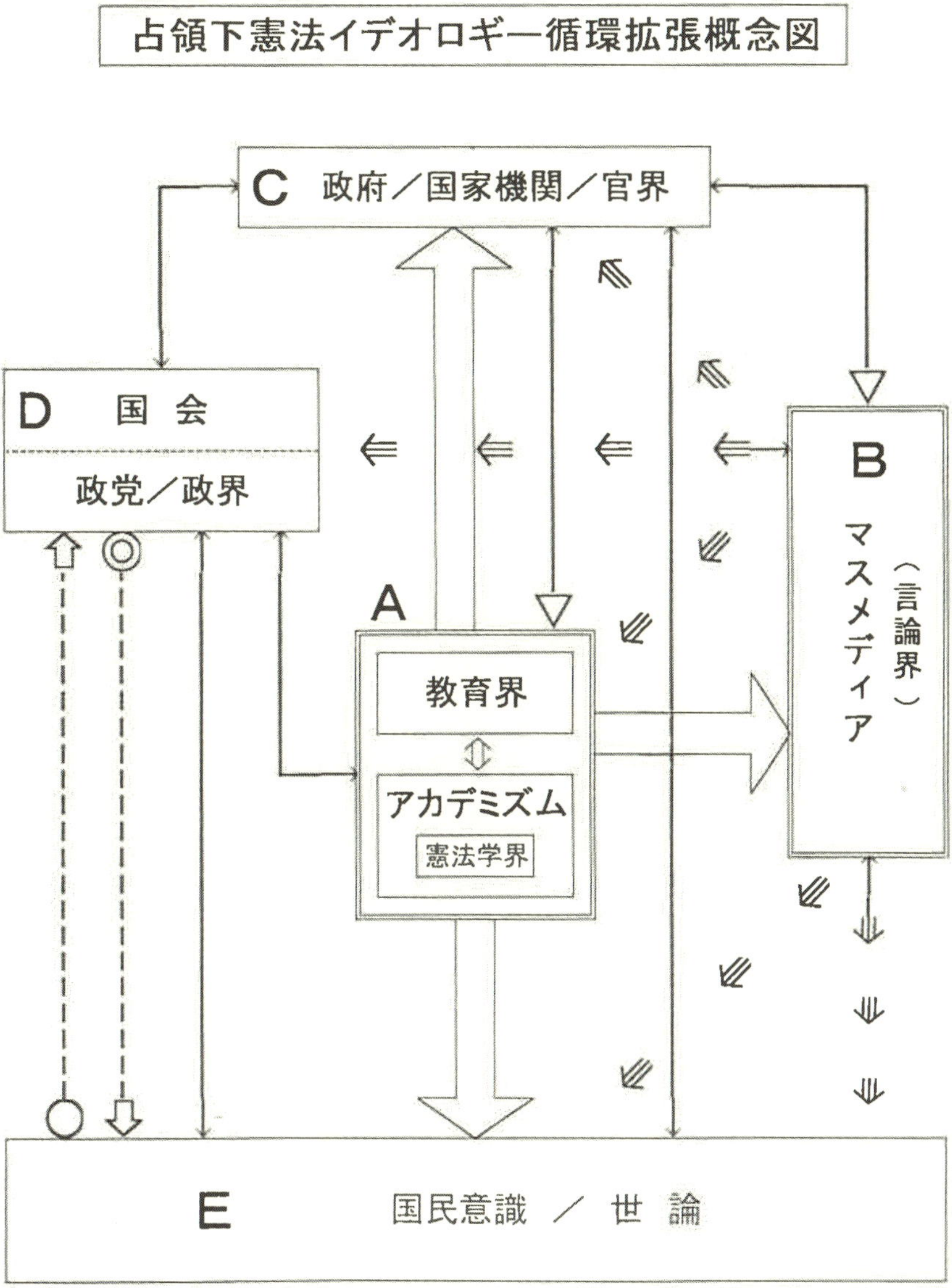

占領下憲法イデオロギー循環拡張概念図
C 政府／国家機関／官界
D 国 会
政党／政界
B
マスメディア
（言論界）
A
教育界
アカデミズム
憲法学界
E 国民意識 ／ 世 論

ならない。

右の権力構造が国家にもたらした事態の一例として、韓国が執拗に攻撃する「慰安婦問題」に対するわが国政府の対応を取り上げよう。

この問題が公的問題として深刻化したのは、平成五年（一九九三）宮澤（喜一）内閣の河野（洋平）官房長官の談話が発端である。旧日本軍の朝鮮人慰安婦強制連行に謝罪と賠償を要求する韓国に対して、目前の外交紛争を穏便に処理するために、軍による「強制連行」の事実を示す何の証拠もないにもかかわらず（今日疑いもなく明らかなように、そのような事実がなかったのであるから「証拠」がないのは当然である）、その事実を認めるかのような「謝罪談話」を発表した。しかし、「慰安婦問題」はこれでお仕舞いにするという韓国の「約束」は守られず、むしろ河野談話を根拠に「強制連行」に対する攻撃を強めてきたのである。

「強制連行」の事実がなければ、それは軍と慰安婦との通常の関係であって、旧軍はもちろん戦後の政府が、今更その責任を問われる筋合いはない。ただ、今日では認められていないが戦前戦中は合法であった売春（公娼）制度の問題であり、その「正当性」を公然と主張するのは政治的に憚《はばか》られることである。まして親が娘を売らざるを得ないような戦前の「貧困」という社会問題（朝鮮人に限らず日本人について同様である）が背景にあるからなおさらである。

その微妙な面を巧みについて、反日勢力がマスメディアに虚報を流して政府攻撃の材料として利用した。それが、別図のような「循環的構造」的マスメディアの重包囲の中で、なかんずく「人権イデオロギー」が社会に浸透・定着しているなかでおこなわれたのである。「従軍慰安婦」「性奴隷（セックス・スレイブ）」などの造語によって、慰安婦が旧軍の公的制度であったかのような誤解・デマを拡散し、軍が女性たちに暴虐の限りを尽くしたかのような印象を造り出して、海外の世論、なかんずく国連に働きかけた。そして、事実問題において根拠薄弱で内容的にいかがわしい「クマラスワミ報告」（国連人権委員会・平成八年）を利用して、日本政府に「外圧」をかけたのである。

安倍内閣は、河野談話の成立過程の「検証結果」を発表し、その内容に客観的根拠がないことを示しているにもかかわらず、それを見直すことはしない、つまり破棄することなく継承する、という不思議な態度を表明した。その背後に、韓国との間の「無用な」トラブルを避けよ、というアメリカの圧力があることは間違いないにしても、問題は安倍内閣とそれを支える政府与党及び国家機関に、事実に基づき日本の立場の正当性を主張して米国を説得し、韓国と渡り合うことができない「背景」があることである。それは、従前から政府・与党が河野談話と慰安婦問題に深く関与し同調していることによる。

例えば、村山（富市）「自社さ」政権時代（平成七年）、解決済み賠償問題の抜け道のためともいえる「アジア女性基金」なる財団法人を設立し、加えてその執行（元慰安婦に対する「償い金」の支給）に際して歴代首相が謝罪文に署名している。つまり、政府機関と自民党の一半は、河野談話に従って慰安婦問題を処理してきたのである。従って、安倍内閣がその後継政権である限り、また党内の力関係のバランスの上に成立している以上、河野談話の破棄は自らの政権基盤の否定に繋がり兼ねないことなのである。

これは行政権の頂点にある内閣が、国益に基づいた国家意思を表明し執行することができない、つまり国家主権を十全に行使できない、という状況にあることを意味する。国家機関及びそれを支えるべき政治基盤と社会的権力が、進んで自らの国家主権を縛り、国益の追求を放棄する体制が形成されている、ということに他ならない。

第二節　対米従属の固定化

右の例からも明らかなように、別図には第三国からの作用を追加して評価しなければならない。その第一は、当然占領下憲法を押しつけたアメリカということになるが、米国は占領の後半期にはその政策を転換し、日本に一定の自立を求めるに至ったのに対して、その憲法は初期占領政策を固定化したものであり、米国政府の意図を越えた作用を続けてきた。そのような事態を米国が自己に都合よく利用し、日本を支配し追随させようとしたのは当然のことという他にない。占領下から講和後にかけての吉田茂の政治選択――占領中に憲法を受け容れたのはやむを得ないこととしても、講和後においてなお占領下憲法維持を主張したこと――が、米国への依存追随を、日本自らが進んで選択する結果に導いたのである。

政党政治と選挙（演説）の大嫌いな吉田が、鳩山追放後の自由党党首を引き受けるに際して、〝人事に（他人が）口を出さない〟〝金は作らない〟〝止めたい時はいつでも止める〟という人を食ったような条件を出したといわれるが、ともかく幣原内閣の後を継いで、第一次内閣の下で占領下憲法を成立させた。その後、占領軍の後押しで成立した片山、芦田両内閣の瓦解の後を継いだ第二次吉田内閣のもとで行われた昭和二十四年の総選挙は、公職追放された政治家の穴埋めに多くの高級官僚たちを立候補させて、自由党を圧勝に導いた。

その国民的支持を背景に、左派ニューディーラーの横暴を抑え、占領政策の転換を促進することとなった。政治家に転じた高級官僚たちを配下にがっちりと収める一方（「吉田学校」）、マッカーサーに対しては、自らの発案で成立させた非武装憲法と冷戦激化による占領政策の転換とのジレンマの苦境を救うべく「憲法擁護」を約束し、それと引き換えに、早期講和に向けて吉田を全面的に支持すること、という取引をしたものと推測される――吉田マッカーサー契約《コンパクト》（注）。

占領下におけるこの選択自体は、容認できるものである。吉田は、米国の保護と米軍駐留によって最小限の安全保障を確保し、名誉ある講和と経済復興を優先させることが可能であると考えていた。それは、朝鮮戦争が勃発するまでは、それなりに合理的な構想であると考えられていたのである。

（注）　片岡鉄哉『日本永久占領』（講談社、平成十一年刊。旧刊『さらば吉田茂』文藝春秋、平成四年）による。片岡氏の記述は次の通りである。

ここである結論を出さざるを得ない。それは総選挙のすぐ後で、吉田とマッカーサーが憲法を守ることで極秘の合意に達したということである。これは推測である。直接の目撃者も直接の証拠もない。しかし、ある合意があったことは絶対疑えない。それは、それまでの二人があまりにも激しい争いをしていたからである。また、その後の二人があまりに緊密に提携したからである。彼らの提携の目的は憲法擁護であった。

（一五一ページ）

講和交渉の初め、ダレスの再軍備要求に対して、吉田が自らの構想に従い、その先延ばしと極力小規模にすることを策したのは当然としても、その理由として経済的負担に耐えられないこと、次いではせいぜい国民世論の支持を得るのが困難なこと程度に留めるべきところを、マッカーサーの威を借り、事実上非武装憲法を盾に（注）ダレスの要求を拒絶したことが、逸脱の始まりといえる。

（注）　吉田は、ダレスに次のように語ったという。

「ええ、日本の安全保障は可能です。米国が、世話を見てくれることもできますよ。しかしそのようにする場合、日本の自尊心だけは、維持しなければなりません」と彼はいった。とにかく日本は、民主化と非武装化を実現し、平和愛好国となり、さらに世界世論の保護に頼ることによって、自分自身の力で、安全を獲得することができる、と首相は語った。ダレスは面食らってしまった。

（W・J・シーボルト『日本占領外交の回想』野末賢三訳　二二三〜四ページ）

吉田は外務官僚出身者として早期講和による主権回復を優先させ、憲法と建軍（再軍備）が国家の再建の要《かなめ》であることを軽視、または理解し得なかったのではないか。あるいは敗戦と占領政策によって受けた傷を「国家再建」を要するほど深いものであるとは考えなかったのかも知れない。いずれにしても、旧軍の横暴よりも米国の合理性・開明性の方が好いと考えたのであろう。ともかく、この時のダレスは、日本に真剣に自立と責任を求めていたと考えられる。

国防総省の日本占領継続の〝帝国主義的〟要求を抑えつつ、交渉を通じて日本の〝自立化〟（共産主義に反対し「自由」のために積極的責任を負う国家となること）を期していたが、吉田はそれに駆け引きと抵抗をもって応じ、素直には受け容れなかった。ダレスの方も所詮アメリカの国益優先の外務官僚であり、マッカーサー更迭後は、軍部の要求通り、安保条約に内乱条項を含む屈辱的条項を付加したのである。片岡鉄哉氏によれば、それは（吉田と日本に対する）「ダレスの懲罰」であった。

講和交渉の最終段階――朝鮮半島は熱戦の最中――に至って、米国の再軍備要求を受け入れざるを得なくなると、それまで再軍備の必要性を主張してきた辰巳栄一など側近の軍事顧問にも関与させず、一転して単独の決断でアメリカの要求に応じ、再軍備をアメリカに〝丸投げ〟したのである。警察予備隊の創設は、服部卓四郎ら旧軍関係者を完全に排除し――それは戦前からの旧軍に対する批判と不信に根ざすものであろう――、もっぱら米国軍事顧問の指導を頼りに、旧内務官僚（警察関係者）を主体に進められた。その結果、旧軍の経験と反省が十分総括され活かされることなく、自衛隊は、偏頗《へんぱ》な「文民統制」――政治主導による軍の統制ではなく、「文民官僚」による「制服武官」の統制――のもと、米軍の指揮統制に従属した、国軍としての自立性を欠くものとならざるを得なかった。

しかし、この間の吉田の政治行動の中で最も批判されるべきことは、公職追放中の政治家を排除し、あえてそれとの対立の道を選んだことにある。講和条件の交渉で来日したダレスは、鳩山以下の党人を中心とした追放中の政治家――憲法改正と再軍備を主張しているとの情報を得ていた――との接触を求めたのであるが、その時GHQは、官憲によってそれを妨害したのである。鳩山たちは、ニューズウィーク東京特派員コンプトン・パッケナム邸で会談することになっていたが、ダレスが監視されて身動きできず、夜間、鳩山たちが密かに第一ホテルの裏口から入って会談したといわれる。

片岡鉄哉氏は、先の著作で、このとき「日本政界に毒が撒かれた」と記している。この件に吉田の意思がどれだけ関与していたか明らかではないが、鳩山達は、吉田が権力維持のために追放を利用していると疑い、怒り・不信・恨みを抱いた。この不信と恨み、日本政界の分裂を解消するには、吉田茂が講和条約成立直後に退陣し、吉田学校の官僚派政治家と党人派その他追放されていた政治家との和解協調を図る以外になかった。それは、吉田一人だけがよくなし得ることであった。

もし、この和解協調の道を選んでいたならば、保守陣営の間では、戦後日本の進路が対米協調の上に共産主義と対抗すべきであることがほとんど自明のことであったのだから、独立日本の再建を目指して保守勢力の挙党一致政権を樹立することにさほどの困難はなかったはずである（この仮想の和解一致を、現実に存在した「五五年体制」と対比して「（昭和）三十年の和解統合」と呼ぶことにしよう）。連合国の占領政策の転換とは、つまるところ米国が共産主義と連携してわが国と戦った先の大戦の誤りを認めることに繋がるのであり、そのことを（国内に対して）明解にし、それを旧敵国と協力・同盟する正当性の根拠の基本に据えたならば、西側陣営の一員として日米同盟を基軸に共産主義と闘うことが、単なる反共イデオロギーを超えて、占領政策の〝行き過ぎ〟の是正、戦前日本の正統性を徐々に回復すること、及び経済の再建復興を総合的に推進する路線、国家戦略となり得たことであろう。それは、多数講和か全面講和かという対立を、保守陣営の主導によって克服解消する結果にも繋がったはずである（注）。

（注）全面講和論とそれを継承する空想的平和主義は、あまりにも非現実的で、通常ならば消滅乃至極《ごく》少数派に転落していたことであろう。ところが昭和二十四年のドッジラインの実施に際して（中小企業の二割が倒産したという大不況の中）百万人に及ぶという説があるほどの大量首切りを――半年で五十万人という統計がある――、レッドパージ（共産党員を労組から追放するため解雇すること）と結合して進めたことにより、労組全体を反米反吉田に追いやる結果となった。そのため、すでに孤立化しつつあった共産党には（一時的にではあれ）再び戦闘の舞台を提供し、折から労組内で共産党と闘うためにＧＨＱに支援養成されて勢力を拡大していた民同（産別民主化同盟）は、自らが反米反吉田の路線を採る以外に（労組内で）生き残る道がなくなってしまった。民同活動家の大多数は、その左傾化路線を正当化するイデオロギーとして、岩波知識人を中心とした全面講和派の平和主義理論

を受け容れ、大挙して左派社会党に入党し、労働組合運動から共産党を追放した後、総評を結成した。その結果、消滅の危機に瀕していたイデオロギーが政党と社会勢力の基盤を獲得し、生き存《なが》えることとなった――、というのが筆者の仮説である。

つまり、ドッジラインによるインフレ抑制にとって不必要もしくはそのテンポを少し緩めれば不必要であったろう大量馘首を避けていたならば、またレッドパージは強行せずに（少なくとも大量馘首と無関係に進めて）、共産党との闘いは、もっぱら民同の組合活動に任せていたならば、――民同最左派の元共産党中央執行委員細谷松太（新産別）さえ経済再建のためにＧＨＱ・政府との協力を認めていたのであるから――、労組運動は健全穏健な路線に立ち、社会党も全体的に後の民社党的路線に統一することが可能だったのではないか、と考えるのである。

ただし、ここであえてこの仮説を述べるのは、歴史の〝イフ〟をいうためではなく、左派社会党、左傾化した総評及び進歩的文化人の存在理由は、その程度のもの――ドッジライン行き過ぎの副産物――に過ぎないことを示したいがためである。

昭和三十年の保守合同は、憲法改正・自主憲法制定を目的としてはいたが、前年末の鳩山内閣の成立が、吉田内閣の不人気と行き詰まりによる退陣の結果であり、その直後の総選挙を経てなお少数与党である状況からの脱却が急がれたという要因が大きく、すでに「三十年の和解統合」の道は遠のき、ほとんど閉ざされていた（注）。対米依存の体制は既成事実と化し、「全面講和」派は、論壇とマスメディアをリードし、反米・護憲の主張が、あたかも国民的多数の意思であるかのように喧伝《けんでん》していた。

（注）講和後、鳩山が政権を取るまでの数年の間に、吉田派との対立を通じて、占領下でダレスと会談した当時の、アメリカと協力して共産主義と対決する、という路線からの若干の離反——当人がどの程度自覚していたかはともかく——、反米的傾向が生じていたことは否定できないだろう。それが五五年体制＝保守合同が、真の和解統合に至ることを困難にする一因となったと考えられる。

昭和三十年十二月、重光葵外務大臣が渡米、ダレス国務長官との会談において、旧安保条約を日米平等の——オーストラリア、ニュージーランド、フィリピン、韓国並みの——相互防衛条約に替えるよう迫ったが、憲法改正ができない限り不可である、と拒絶された。「ダレスの懲罰」が生きていたのである。この会談に、岸信介と河野一郎が同席していたが、河野は重光の愛国的迫力に感銘し、岸は、対米関係の重要性を再認識、正攻法による改憲が不可能な状況を打開するため日米新時代を構想し、とりあえず屈辱的形式の変更を主眼とする安保条約の改定に進む。

河野は、一旦は岸の路線に同調するが（片岡鉄哉氏によれば改憲を公然と掲げないことに不満を持ち）、最終的には離反した。結局、「六〇年安保」における本当の勝利者は、「対等化」した安保条約の果実を受け取り、改憲を棚上げし、経済発展に一路邁進した吉田路線《ドクトリン》の継承者たちであった（注）。吉田自身は、憲法改正に反対したことを自己批判したが、時すでに遅かったのである。

（注）「六〇年安保闘争」は、岸内閣の民主主義破壊の「暴挙」に対する抗議として正当化されているが、その「暴挙」とは、安保改定の批准を拒否する野党（社会党）が国会の本会議開催を阻止するために廊下に座り込みピケを張っていたのに対して、警官隊を導入してそれを排除したことである。その後本会議を開き、社会党欠席の衆院で安保改定の承認と、参院での「自然承認」に必要な会期延長を議決したのである。そのやり方が最善とはいえないにしても、「暴挙」として非難されるべきは、事実上議会政治を否定する野党の座り込みの方であることは明らかである。マスメディアの情報操作によって、正論は一顧だにされない状況の下で展開された「闘争」は、占領下に形成された戦後体制の歪《ひず》みを拡大し定着させる作用を果たしたのである。

冷戦下において、安全保障を米国に依存しながら経済復興に専心し、昭和四十年代（六〇年代後半）には貿易収支が黒字に転換、米国からも経済上のライバルと見なされ始めた。しかし、それに相応《ふさわ》しい政治的自覚（自立意識・国際的責任感）に欠けていた。沖縄返還交渉と抱き合わせに提起された「繊維交渉」以後、牛肉・オレンジ、自動車、半導体、情報・通信、金融・保険…等の経済摩擦は、おおむね場当たり的防戦又は一方的譲歩に終わった。農業問題において食料安全保障論を唱えても、自国防衛を他国に依存していては説得力を欠くのは無理もない。

米国のドル危機が進行し、一ドル＝三百六十円の固定相場修正（円切り上げ）も国際的に要請されていたが、経済界、財政金融当局もその認識と対策はなく、第二次ニクソンショック（ドル切り下げ、ドル金兌換の停止）は、アメリカからの「不意打ち」の一撃となった。一九八五年のプラザ合意は、わが国の輸出攻勢にとどめを刺す報復的円切り上げとなり、以後、事実上わが国は為替自主権を喪失する結果となった。それは同時に、金融財政全般の自主性喪失でもあった。日米構造協議（構造的障害に対する折衝）によって、「年次改革要望書」という米国からの内政干渉が「制度化」されさえした（後に廃止）。それらの結果がバブル崩壊後の「失われた二十年」に繋がったのである。

冷戦終了後の安全保障面においては、「日米同盟：未来のための変革と再編」（平成八年十月）という文書以来、安保条約は日本と極東の安全を目的とするものから――わが国が軍事的に自立しうる条件を欠く現状に基本的な変更がないにもかかわらず、つまりアメリカの戦略に追随するほかない状態で――、日本が米国の世界政策に協力するものへと変質したとされる（孫崎享《まごさきうける》『日米同盟の正体』）。以上に関連して付言するならば、わが国に米軍が駐留していることが、わが国に米国の国家意思を強制する基礎となっていると主張する人があるが――六〇年改定前の旧安保時代ならばある程度の妥当性があったかも知れないが――、今日駐留米軍にわが国政に関与する権限・法的根拠はない。わが国政に米軍の威力が影響を与えているのは――それがわが国内に駐留しているか遠隔地にいるかに直接的関係はなく――、わが国の安全保障なかんずく情報インテリジェンスをほぼ全面的に米国・米軍に依存していることから来るものである）。

第三節　対中国〝位負《くらいま》け〟の帰結

しかし最大の問題は、米国以外の第三国、冷戦時代には共産圏からの作用であるが、なかんずく中国共産党（以下「中共」という）からの外交攻勢と工作であり、それは冷戦終了後においても中華帝国主義の対日攻勢として今日最大の問題となっていることである。

サンフランシスコ講和会議には、大陸の中共政府、台湾の国民政府とも招かれなかった。連合国内（米英間）の意思統一がなかったからである。わが国には、中国との戦争終結処理に関する自由選択の余地はなく、もっぱらアメリカの「指示」によって結ばれた日華平和条約（サンフランシスコ条約発効の日に調印された）は〝擬制《フィクション》〟であり、いずれ大陸中国との正式国交は不可欠であった。蔣介石政権の大陸反攻は現実的に不可能なことは明らかであり、また、サンフランシスコ条約で台湾の帰属は決定されず、従って、中華民国はほとんどその固有の領土を持たない（強いていえば金門馬祖両島のみの）亡命政権に過ぎなかったからである。しかし一方、中共政権はわが国との直接交戦団体ではなく、国府政権の正式な後継政権と認めないかぎり、講和条約の相手とはなり得ない。主権回復後のわが国にとって、対中国関係は最大の難問であった。共産主義に対抗するためには台湾の政府と協調することは避けられなかったとしても、それは一見して不合理かつ不利な選択であった。先の三十年和解統合が実現して、反共イデオロギーを超えた国家戦略が確立されているならばともかく、中共の恣《ほしいまま》にする工作、プロパガンダを抑えることは不可能に近かった。

中国大陸が共産党の支配下に統一されたとき、戦前、無規律で腐敗堕落した国民政府軍を見てきた日本人にとって、それは一面止むを得ないことのように思われた。対する中共軍には、中米合作のプロパガンダによって、規律正しく、人民の圧倒的支持を受けているという誤解・幻想が、共産主義反対者を含む広範な日本人の間に定着した。中共はこの状況を巧みに利用して日中友好ムードを演出し、その中で広範な日本人の間に醸成された対中戦争の贖罪意識を、対日工作に最大限に利用した。学界、言論界、政官界、財界等に、中共の意に沿う言動を展開する勢力が生まれ、外務省はチャイナロビーが優勢となった。

一九七一年の第一次ニクソンショック（ニクソン大統領の中国訪問の発表）は、日本に対中国政策転換のフリーハンドを与えることになったが、日中国交回復にのめり込んだ結果は、対中位負け外交の促進であった。以後のアメリカの対中政策は、対ソ戦略のために中国を味方に引き入れるものであったが、共産圏内部の対立矛盾に対して片方にのみ一方的支持を与えること自体が間違った戦略であったろう。その結果は、中国の一方的で野放図な軍拡・核開発を許し、インド・パキスタンをソ中それぞれに追いやりアジア情勢を混迷させ、最終的に今日の中華帝国伸張の淵源になったことは明らかである。当時中国はソ連との対立と大躍進の失敗・文化大革命の混乱によって経済的にも政治的にも行き詰まっていたのであり、日中関係打開の必要性は、わが国よりはるかに切実なものであったから、日本側が譲歩してまで日中国交回復を急ぐことはなかったであろう。しかし周恩来外交の巧みな工作宣伝によって、共産中国に対する警戒自体が「中国敵視」と見なされる状態が生まれていた。田中大平外交は、軽率にもそのような世論に迎合したのである。
次に日中共同声明の問題部分を引用する。

（前文、前略）

日本側は、過去において日本国が戦争を通じて中国国民に重大な損害を与えたことについての責任を痛感し、深く反省する。また、日本側は、中華人民共和国政府が提起した「復交三原則」を十分理解する立場に立って国交正常化の実現をはかるという見解を再確認する。中国側は、これを歓迎するものである。（中略）

二　日本国政府は、中華人民共和国政府が中国の唯一の合法政府であることを承認する。

三　中華人民共和国政府は、台湾が中華人民共和国の領土の不可分の一部であることを重ねて表明する。日本国政府は、この中華人民共和国政府の立場を十分理解し、尊重し、ポツダム宣言第八項に基づく立場を堅持する（以下略）。

前文における傍点部分、過去の戦争に対する責任と反省、これは戦争状態を終了させる条約文書の記述としては前例のないものではないだろうか。わが国は連合国から、「東京裁判」という不法な（管轄権がなくかつ事後法に基づく）裁判によって断罪され責任者が処罰され、その事実を覆さないことを講和条約の中で認めさせられているが（サンフランシスコ条約第十一条）、講和条約の中に戦争の責任や反省の文言は含まれていない。国府との間の日華平和条約においても同様である。

　戦争に対する国際的責任と処罰は、敗戦とそれに伴う制裁によって決着しているのであり、和解の文書に記載しないのが古来のルールである。責任や反省を文書に残すことは、決着し清算されるべき事項を後世に永久に残すことに繋がるからである。それは、謝れば謝るほど、謝るべき立場にあることを再確認せざるを得ないことになる、わが国のその後の有り様をみれば明らかである。ここにおいて「責任を痛感し、深く反省する」態度を表明したことが、日本国が公式に、中国に対して道徳的劣位に立つことを認めたことに他ならないのである。

　次の「復交三原則」とは、「①中華人民共和国（中共政権）が唯一の合法政府である。②台湾は中国の一部である。③日華平和条約は破棄すべきである」ということである。中共側の提起した原則を日本側は十分理解し、そのことが（中共政府によって）歓迎されているのであるから、この交渉に臨んだ時、すでに内堀が埋められていた――というより、すでに本丸に踏み込まれていたことが分かる。

　台湾が中国の一部である、という中共の主張を理解する、若しくはそう主張していると認識する、というのがカナダその他欧米諸国の中国との間に交わした条約の文言だといわれるが、その上にさらに「尊重する」という踏み込んだ譲歩をしたのが日本である、ということである。しかし実際は、日本が積極的に「台湾は中国の一部である」といわされないように抵抗し、必死に防御した結果が「尊重する」という文言になったのではないだろうか。

　先の「責任と反省」にしても、最初は田中首相が、「中国に戦争で迷惑をかけた」と口頭で述べたところ、周恩来から余りに軽い言葉であると追求された結果であると言われているが、明瞭に「詫びる、謝罪する」という言質《げんち》を取られることだけは回避したのである。田中角栄はコンピュータ付ブルドーザよろしく周恩来と互角に渡り合った心境であったろう。その心意気と愛国心は認めなければならない。けれども所詮、毛沢東・周恩来の掌《てのひら》の上で如意棒《にょいぼう》を振り回していたに過ぎなかった（そんな「論争」で多少とも譲歩するくらいなら、慌てて国交回復することはなかったのだ）。

まして、その後のより小粒で愛国心にも劣る政治家・外交官などの多くが、中国に位負けし、土下座外交を繰り返すに至るのは致し方なかったと言うべきなのであろうか。――後に、鄧小平はじめ来日する中国要人達が、「井戸を掘った人」として田中邸を訪れる背景もここにある、といえるであろう。

「復交三原則」の前身は、同じく周恩来が一九五八年に提起した「政治三原則」①中国を敵視しない、②二つの中国を認めない、③日中関係の正常化を推進する、というものであった。国交回復以前の一九六四年から日中新聞記者交換が行われていたが、それは六八年、「政治三原則」を遵守し、推進するのに役立つものでなければならない、と改定された（注）。つまり、中国に派遣される新聞記者は、中共の政策に合致する報道だけをするよう強要される根拠が与えられたのであり、一部のメディアは進んでそれに協力した。その結果、大躍進・人民公社、文化大革命に至る報道において、粛清・動乱、大量餓死その他陰惨な実態は一切隠蔽された。

（注）　正確にいうならば、同日（六月三日）、六二年以来継続していた貿易協定（寥承志《りょうしょうし》・高碕達之助＝L

T貿易協定）が改定され、その日中間の覚書の「中国側は……中日関係に存在する障害は、アメリカ帝国主義と日本当局の推し進めている中国敵視政策（による）と指摘……／日本側は中国の立場に対して深い理解を示し、今後このような障害を排除し、日中間の正常化を促進する……／双方は、政治三原則と政治経済不可分の原則は、日中関係において遵守されるべき原則であり……政治的基礎であると一致して確認……この政治的基礎を確保するため……努力する……」とある記述を受けて、記者交換に関する取り決めの中に「一　双方は……新聞記者の相互交換は双方が一九六八年六月三日に発表した会談コミュニケに示された原則を遵守し、日中両国民の相互理解と友好関係の増進に役立つべきものであると一致して確認した」ということである。

そもそもLT貿易は、政経不分離と政経分離の中間的妥協であったものが、この段階で中国側の政経不分離の原則に合意させられていたことが分かる。

かくて、国内においては、大手新聞社、通信社、及び地上波テレビを中心とするマスメディアが、反日勢力の支配的影響下に陥っているのである。特定のメディアは完全に反日勢力に支配され、また進んで同調している。その他のメディアの多くも、反日的論調に迎合し、それに反する報道は控え目である。先の「慰安婦問題」はその典型的一例であり、また、中共が、戦中の国民党による「南京大虐殺」のプロパガンダを改めて取り上げ、捏造を拡大させたが、それも国内メディアの先導によるものであった。

わが国が中華帝国主義にいかに浸食されているか、平成二十年四月、北京オリンピックの聖火リレーが出発する長野に大量の中国人留学生が集結したときに、その危険な本質が露わになった。折から各国で繰り広げられる聖火リレーを好機として、中国のチベット侵略に抗議するデモンストレーションが、チベット人とその支援者によって国際的に展開されていた。長野においても同様の抗議行動が準備されていたが、それに対して中国側は駐日大使館を介して四千人の留学生をバスで動員して対抗した。彼らは長さ四メートルにも及ぶ鉄パイプを旗竿《はたざお》として五星紅旗を掲げ、それを事実上の凶器としてチベット人及び支援する日本人に襲いかかったのである。

あろうことか、日本の警察は中国学生の暴挙を見過ごして、逆にチベット人と日本人を取り締まったのである。このときの状況は現地の行動参加者及び目撃者の報告会、インターネットの画像で伝達されたが、一般のマスメディアでは例によってほとんど無視され、一般の国民にこの事件の深刻さは伝えられていない。同様の「デモ」が首都東京で、例えば尖閣防衛に必要な法案審議を妨害するために国会を包囲したら、と想像してみるとよい。

まして北京オリンピックの二年後に中国の「国防動員法」が制定施行されている。それは国外在住の中国人にも適用される法律であり、中国国内の何らかの暴動に国防動員令が発動されたとき、中国政府が日本国内の中国人に反乱暴動を惹起させる、そのような事態を絵空事として一笑に付するわけにいかない状況であることは注意を要する。

第四節　戦後体制の綻《ほころ》びと改憲への道

以上が、占領下憲法を軸に形成された戦後体制――占領下憲法体制、安倍首相のいう戦後レジューム――の実態であり、帰結であるが、近年その情勢に転機が訪れている。

中国の理不尽、傍若無人の横暴さが、いよいよ中華帝国主義の本性を露わにして来たのである。尖閣諸島を本気で奪おうとしていることは、流石《さすが》に媚中的・反日的メディアといえども隠しおおせなくなっている。東シナ海で日中間の軍事的衝突の危険が現実的なものとなり、空想的平和主義の破綻《はたん》が明白となっている。

中国は、さらに沖縄に対する領有権の野望を隠さなくなっている。戦前から蔣介石は沖縄領有の野望をもっていたといわれるが、公然と表明することはなかった。ところが最近は、『環球時報』のような中共の公式機関誌上で（党・国家の公式見解でこそないが）公然と主張するようになった。もはや、その拡張主義的侵略的野望は否定しようがない。

一方、平成二十三年三月十一日の東日本大震災は、マグニチュード九・〇の巨大地震と千年に一度といわれる大津波に襲われ、死者行方不明者一万八千余名に及ぶ大被害と、福島第一原子力発電所の水素爆発事故を伴い、政治的対応は混乱し、わが国の危機管理の脆弱性を改めて露呈することとなった。今日に至るもなお復興は完了していない。

しかし「自衛隊、警察、消防、海上保安庁を始めとする国や地方自治体の人々、諸外国から救援のために来日した人々、国内のさまざまな救援組織に属する人々が……、日夜救援活動を進め」「海外においては、この深い悲しみの中で、日本人が、取り乱すことなく助け合い、秩序ある対応を示していることに触れた論調も多」く（天皇陛下のお言葉の一節）、日本人の底力が表出することにもなった。

浮薄な都会生活に流されていた多くの若者が突然我に返ったように故郷の復興に参画した。行政組織が麻痺した所では底辺末端の伝統的な地域共同体が姿を現し住民の連帯と自治が機能した。米軍は救援のために「トモダチ作戦」を敢行し、人口二千三百万余の台湾から二百億円を超す義援金が寄せられた。わが国に国際的な友があること、友好関係における真贋が明らかにされた秋《とき》でもあった。

中国の、東シナ海におけるわが国への攻撃は、南シナ海における国際法無視の東南アジア諸国に対する侵略的攻撃と一連のものである。そこから、わが国は、東南アジア（ＡＳＥＡＮ）諸国との政治的連帯、共同行動の道が開かれている。中韓両国の反日攻勢にもかかわらず、わが国の国際的孤立はあり得ず、逆に両国の孤立化が明白になっている。それどころか、ベトナムやフィリピンなど、直接中国軍の脅威にさらされている国々は、わが国との軍事的連携を希望しているのである。長年、親中反日的外交姿勢であったオーストラリアさえ、わが国との協調的路線に転換し、安倍内閣の「集団的自衛権容認」の閣議決定を歓迎し、中国に対抗する軍事協力国になりつつある。

こうした内外情勢を受けて安倍首相は、電光石火のようにＡＳＥＡＮ諸国始め各国の訪問外交を展開し、経済援助をテコにしながら協力関係を築きあげた。その成功は中韓の孤立化によるものではなく、むしろ安倍外交の勝利が中韓の孤立化を促進した、といって良い。平成二十五年十二月東京で開催されたアセアン特別首脳会議は、「アセアンの海上安全保障問題解決の努力を支持し、関係国が一方的に現状変更に訴えることなく、国際法を遵守し、南シナ海における行動規範に関する中国との協議を歓迎する」という趣旨を含む安倍総理の基調演説を各国首脳は支持し、共同声明、ビジョンステートメント及びその実施計画の三文書を、親中派といわれるカンボジアを含め全会一致で採択した（注）。

（注）　その後、外交的孤立化に気付いた習近平政権は、巻き返しを図って一定の成功を収めた。その最高の成果が、中国主導のアジアインフラ投資銀行（ＡＩＩＢ）の設立に、米国政府の反対を押し切って五十七カ国が参加を表明したこととされる。しかし、ＡＩＩＢは、中国の一帯一路という西方への対外進出の手段であると共に、インフラ投資の過剰生産能力のはけ口を国外に求めようとする国内経済対策であり、原資となるべき手持ち外貨は急激に減少し、国外からの借り入れに頼っている状態だといわれている。わが国においては「バスに乗り遅れるな」というマスメディアの論調が盛んであるが、政府及び事情通の冷静な反応も根強い。数年以内にその決着は判明するであろう。

アメリカ・オバマ政権の「アジア回帰」は、東南アジア諸国の対中結束を促しているが、アフガン、イラク戦争の失敗、世界の警察官ではないとの表明、財政危機と年々削減される軍事費、ＥＵとともにウクライナでの無用な挑発によりロシアを中国に接近させる、「イスラム国」（ＩＳ）の台頭に対する及び腰の対応等によって、複雑な様相を呈している。それでも習近平政権の傲慢さと独りよがりは、中国をＧ２としてアメリカの世界統治の責任あるパートナーとしようとする期待を打ち砕いている。日米同盟を基軸にして、東南アジア、西南太平洋、インド等の結束と防衛にアメリカをつなぎ止めるための、日本の軍事的自立化の必要性が高まり、また各国から期待されている。

安倍総理の積極外交の根底に「憲法改正」があることは疑いない。改憲なくして安倍外交の「勝利」を最終的成果に繋げることはできないからである。第三次内閣にいたって、それをよりハッキリと表明している。しかし、安倍総理の外交的成功と、安全保障にかかる諸政策が、確実に「憲法改正」に繋がってゆくという見通しは持てない。その直接の理由は、安倍総理自身が防衛力強化と憲法改正の道筋について明瞭に語っていないことにある。

それを語り得ない背景は、先にも触れた通り安倍内閣は与党間及び自民党内の勢力バランスの上に成り立っており、憲法改正を標榜しているとはいえ、それを一枚岩の力が支えているのではないことである。安倍総理総裁は、首相としての権力を活用し、自民党及び連立与党の力のバランスと官僚との駆け引き等を通じて綱渡りのように改憲への道を探っているのである。

今日改憲論者の多くは、安倍内閣にお任せしておけば、近い将来衆参両院の三分の二以上の与党勢力を確保し、改憲への道筋を開いてくれるに違いないと期待しているようであるが、そのような甘い見通しは成り立たない。

平成二十七年三月九日の党大会で自民党は「改憲案」を作成すると決議したとのことであるが、それに先立つ二月十五日の新聞報道（「産経新聞」）によれば、船田元《はじめ》自民党憲法改正推進本部長は、自身の会合の挨拶で、憲法改正は「環境権、緊急事態条項、財政規律条項の創設から解決するのがいい」「早ければ来年（平成二十八年）秋、遅くとも再来年（同二十九年）春には実現すべく全力を尽くす」と語ったという。

冗談ではない。「環境権」などという甘言《かんげん》によって護憲派を誘い込むようなやり方は――それによって成功の見込みが高まるかどうかも疑問であるが――、改憲のための改憲であって、占領下憲法の根幹を温存し、むしろその正当化・永久化に繋がるものである。財政規律条項に至っては、積極財政・緊縮財政という政策をめぐる両極の立場――その状況に応じて適切に選択されるべき――を一方にのみ固定化させ、政府の財政経済政策の手を縛るだけの最も愚かな条項になる。

緊急事態の規定は当然と考えられるかも知れないが、この憲法の欠陥は、緊急事態の文言が欠けていることではなく、憲法の条文が適用できなくなるような事態が発生することがあり得る、という思想が全く欠落していることにある。本当に法律の適用ができなくなった場合には、「力」すなわち軍隊が秩序を支えるのであり、（一時的にではあるが）軍の最高司令官（つまり総理大臣である）に全権を委ねなければならなくなる、ということを想定しなければ、あらゆる不測の事態に対処することはできない。つまり、九条の改正（第2項の削除。以下の章で「九条改正」とはすべて第2項の削除のことである）さえもできないのに非常事態条項の創設ができるかのように考えるのは、全くの幻想である。

自民党は自主憲法制定を党是とし、国防軍保持を明記した憲法改正案を策定しているにもかかわらず、それを本気で実現することを期している議員・党員は一部に過ぎない。自民党の半身が護憲体質である。しかも憲法改正を目指す闘う党へと自力で、少なくとも自力だけで、脱皮する活力を失って久しい。——すなわち、六〇年代、自民党が憲法改正を事実上断念して以来、半世紀にわたって改憲を目指す組織的政治主体が消滅しているのであり、その主体の形成・回復こそが先決問題である。

その主体は自民党とは別に、それとは独立した、また自民党の外から働きかけることのできる力として形成されなければならない。占領下憲法打破と自主憲法制定を目指す政党の形成伸張が期待されるが、一方、自民党の議員・党員も参加できるような非政党的、又は超政党的な——政党及び非政党団体並びに個人によって構成されるような自由かつ柔軟しかし強靱な——活動様式・組織形態を生み出すことも必要であろう。

それは、国会内に限定されるものではなく、むしろ草の根から発する——全国、地方及び地域にわたる——国民的な運動を通じて形成されるべきものである。そして、それこそが、安倍内閣の目指している課題、すなわち国防問題への取り組みから憲法改正へのアプローチを実現する道であろう。

第四章　占領下憲法打破と自主防衛

第一節　憲法第九条と自衛力の限界

第九条改定のためにまず必要なことは、「自分の国は自分で守る」というシンプルな根本思想を国民大多数の間に徹底浸透させることである。建前としてそれに賛成だが、いざというとき自分は逃げる、と考える人をとりあえず許容するのは良いが、中国が攻めてくるならその支配下に甘んじるのが良い、尖閣を取りに来るならくれてやれば良い、またはすべて国連やアメリカにお任せすればよい、といった考えを認めることはできない。

ただしそのような考えの者をそれほど真面目に相手にすることもない。強弱の差はあれ、大多数の国民はこの根本思想に賛成するはずである。ただ「憲法九条があるから」そんなことを言ってはいけないのではないか、と思い込み、あるいは思い込まされてきたにすぎない。その思い込みを解除するには、憲法と防衛問題を考え検討する際に、常にその原理に立ち返り確認することである（アメリカに防衛協力を依頼することが必要だとしても、自ら守る決意と準備があってこそ独立国にふさわしい対等な日米関係となりうることはいうまでもない）。

正面からそれに反対することは、反日マスメディアといえども容易ではなく、まして、まともな人間であればとてもできない。それは理屈ではなく、いわば迫力の問題である。そして、人々に、口にしてはいけないと思い込ませてきた「空気」を破壊するのである。まさにそれこそが、日本人が占領下憲法の呪縛から解放される第一歩に他ならない。

すでに第一章でみたとおり、憲法第九条第1項は、右の原理を否定していない。しかるに、自分の国を自分で守る、その手段が武装力であり、軍事力の保持すなわち軍隊の保持であるが、第2項において「陸海空軍その他の戦力」の保持を否定することによって、事実上自分の国を自分で守ることができないようにしているのである。しかし今日、半世紀以上にわたって、自衛隊を保持することが憲法に違反しないことを、政府も国民の大多数も認めてきた。最高裁もそれを憲法違反とはしていない（注）。

国の存在とその安全あっての憲法であり、その憲法が国の存立と安全を守るための最小限の武力保持まで禁止することはできないはずだ、という素朴な根本原理に対する確信が、それを導いてきたといえるであろう。事実、今日国民の大多数は自衛隊の存在を積極的に肯定しており、自衛隊に好感を持つ国民は八割に達する。護憲派といえども、自衛隊を憲法違反と主張することはほとんどできなくなっている（彼らの「九条の会」とは何を守ることなのか、意味不明の感は免れない）。けれども、いよいよ本当に自衛権を発動することが現実味を帯びてきた今日、この根本原理の根拠根源を、改めて明確にすることが必要である。

（注）　最高裁判所は、米軍基地の存在が憲法に違反するかどうかは高度な統治行為に属することであって司法の判断に馴染まない、という有名な「砂川判決」以来、「統治行為論」に立って、憲法判断を保留している。幾度も提起された自衛隊違憲訴訟に対しても、同様の態度をとってきた。これを最

高裁の責任回避・行政権力への屈服であるかのような非難が護憲派を中心に主張されてきたが、決してそうではない。国家が存立し得ての司法権であり、三権分立である。内閣の防衛政策・防衛諸法が、明示的に憲法の諸規定に違反し又は国連憲章等の国際法を侵犯するものではなく、かつ、真に国家の防衛を目指すものである限り、最高裁は違憲判決をしないものと判断できるのである。

ところで肝心の第二次安倍内閣時代における『安全保障法制の整備について』という文書（平成二十六年七月一日国家安全保障会議及び閣議による決定「国の存立を全うし、国民を守るための切れ目のない安全保障法制の整備について」）は、次のように述べている。

3　憲法第9条の下で許容される自衛の措置（中略）

（2）　憲法第9条はその文言からすると、国際関係における「武力の行使」を一切禁じているように見えるが、憲法前文で確認している「国民の平和的生存権」や憲法第13条が「生命、自由及び幸福追求に対する国民の権利」は国政の最大の尊重を必要とする旨定めている趣旨を踏まえて考えると、憲法第9条が、わが国が自国の平和と安全を維持し、その存立を全うするために必要な自衛の措置を採ることを禁じているとは到底解されない（以下略）。

第九条が自衛の措置を採ることを禁じていないと解釈する根拠を、「前文」が「全世界の国民が、ひとしく恐怖と欠乏から免かれ、平和のうちに生存する権利を有する……」と記し、また第十三条が「生命、自由及び幸福追求に対する国民の権利については……最大の尊重を必要とする」と記述していることに求めているのであるが、それでは、われわれが平和のうちに暮らし、生命、自由、幸福を追求するのは憲法がそれを許してくれるからだ、というのだろうか？

そのような文章が（憲法に）書かれているから自衛の措置を執ってよい、と解釈するならば、われわれは「平和を愛する諸国民の公正と信義に信頼して、われらの安全と生存を保持しようと決意した」のであるから、自衛の措置を執ることが許されるとしても、わが国周辺に平和と公正と信義に反する国や行為があることを疑ったり、それに備えることが抑えられ、いざというときに役立たないのではないか。まさに、そのように「抑えられ」てきた状態から脱するための法整備が必要な時に、このような、われわれの生存そのものが占領下憲法の許しの上に成り立っているかのような解釈から脱することこそが、先ず必要なのだ。

さしあたり、行政府の文章としてはこのように書くことしかできないのかも知れないが、占領下憲法のくびきから脱する主体を形成しようとする国民有志は、右のような解釈の呪縛を振解《ふりほど》かなければならない。

国の安全保障、自衛権の根拠は、占領下憲法の文言ではなく、国家本来の自然的権利、「自然権」に立脚するものと解釈すべきである。それは、国家の自衛権は、憲法や法律によって生まれるものではなく、国家が存在するかぎり、その自然的属性として備わっている、という原理に立脚することである。ここから成文法と「自然権」との葛藤、せめぎ合いが始まる。

そのせめぎ合いの状態が半世紀以上にわたって継続してきたという事実――それが違憲とされてはこなかった事実――に立って考えるならば、すでに自衛隊の存在（その在り方）の根拠は、「慣習法」的根拠をもって認められている、といって良い（注）。

（注）　英米法学者の高柳賢三は、昭和三十四年六月、英国法学会の重鎮（米国籍）のグッドハート・オックスフォード大教授との私的会話を自らの著書の中に記しているので紹介する（以下、T：高柳、G：グッドハート）。

T　トマス・ホッブスは、国家論（リバイアサン）のうちで、他人から攻撃を受けた場合にもこれに抵抗してはならぬと主権者が命じた場合には、この命令は自然法に反するから無効である、したがって、臣民は、この命令に従う義務はないといっていますね。（中略）……そこで今度は、国家の自衛権の問題ですが、現行国際法では自衛権は主権国家の固有の不可譲の権利、つまり自然法に基くものとされていますね。

G　それはその通り。……ただし、私は、その場合〝自然法〟という言葉をつかうことには反対です。

T　そう……それなら主権国家の自衛権は確立した国際慣習法、しかも一つの強行法規で認められた権利であると考えても同じことになりましょう。

G　そう考えた方がよろしい。

T　国家の自衛権というのは、他から武力攻撃をうける場合、国際法上許される範囲で、実力をもってこれを排除することが国際法上認められるというのでしょうが、この自衛のために必要な軍隊をもち、また、それで足りない場合、他国の援助をうける措置を講ずる権利もみとめられていると見るべきでしょう。

G　それは当然でしょう……。

T　話を国際法から国内法にうつすが、かりにある国の成文の憲法で自衛のためにも軍隊はもてないと規定した場合、その国の政治家はこれに拘束を受け侵略をうけても、憲法を忠実に守ったのだといって国民にたいする責任をまぬかれることができるか。または国家の自衛権の行使を不可能ならしめる規定は、自然法違反で無効といえますかどうか。

G　そういう規定は確かに不合理（アンリーズナブル）だといえるでしょうが……現代の実証主義の法思想からは、いきなりその憲法の条項を無効としないで、そんな不合理なことを制定者は意図したはずはないとして、字句にとらわれずに、合理的なように解釈するという行き方が正しいでしょう。

T　かりに憲法制定者が高遠な理想から、現実に不合理な規定を置いた場合（は？）……

G　……法の解釈では、立法者の現実の意志ではなく、制定された法の趣旨の探求に重点が置かれるべきです。たとえ現実には立法者が不合理なことを考えていたにしても、法の解釈はそれを合理的なものとの立場から、不合理でないように解釈するのが正しい解釈方法です。

T　あなたの解釈方法は私も良識的だと思います……。

G　……時に日本の法学者は、九条をどう解釈していますか。

T　多数説は、自衛権はあるが軍隊はもてぬとしています。九条の文理解釈からいえばそうも読めるのです……その論理には誤りはないでしょう。

G　しかし、そういう解釈は、現在の国際社会の性格にてらして非現実的で、アンリーズナブルでしょう。（中略）通説とちがった解釈はないのですか。

T　それはあります。しかし、反対説も大部分はやはり文理解釈に基くものが多い。もっとも、事情変更の原則、つまり、どの国も日本を侵略するような危険のない相互信頼に基いて存在する新しい世界ということが九条の前提要件であったが、冷戦の激化とともにこの前提要件がくつがえされたという理論はあります。

G　なるほど、それも非現実的な解釈を、より現実的なものにひきもどすための一つの理論ですね。自衛隊法が憲法違反でないという前提の下に国会を通過し、それに基いて政府が自衛隊を組織し、また、日米安保条約が国会で批准され、それに基いて米軍が日本に駐留している。そして、これ等の事実は効果的にチャレンジされないで相当の年月をたっていることにより、憲法九条の初め考えられた意味が変更されたという議論は出されていませんか（傍点は引用者）。

T　あまり聞かない（以下略）。

（『天皇・憲法第九条』昭和三十八年五月、有紀書房。一八〇～四ページ）

高柳が、このような議論を護憲のために利用することには賛成できない――とくに傍点部分の考え方を九条改定不要の論拠とすること――が、九条改定に至るまでの過渡的憲法解釈論として大いに参考にされてよいのではないか。

その慣習法的根拠、平たくいえば常識的な根拠は、先ず、「自衛権とは何か」ということ、言い換えれば、われわれが守るべきものは何か、というその内容である。ただ国民の生命と財産を守るだけならば、他国の保護国、属国であってもよいことになる。当然のことながら、国の領土、独立、主権も守らなければならない。国と国民の誇り・尊厳も守るべきものの中に含められるべきであろう。**実際に何を守るかは、国民の多数によって国民の意識として具体的に明らかにされるべきことである。歴史や文化を含め、実際に何を守るべきかは、その時の国民の大多数がそれを認め、それを守るために為政者が実行しようと決意するものであり、それが自衛権の具体的内容なのである。**その自衛権を禁止し、その内容を制限する明文の規定は、占領下憲法といえどもどこにもないこと、それが、先ず第一に確認しておかなければならないことである。

次に、自衛隊の存在が、たとえ憲法第九条（2項）の「陸海空軍その他の戦力」に相当するものだとしても、それが「最低限」の自衛権を行使するものである限り、それは許される、と解釈されてきたのであるが、その「最低限」を一般的定義、質的定量的基準として明確にすることは、そもそも出来ない相談である。それは、わが国の過去半世紀の経験からも明らかである。**自衛権の「最低限」を定義しようとすれば、右において述べた自衛権の具体的内容と、それをめぐる内外情勢（安全保障上の**

脅威）との関わりを具体的に示すこと以外にない。この問題について政府や防衛当局者は、国会や野党の追及に対してほとんどの場合苦し紛れの答弁を繰り返してきたのであるが、それは、質問者が自衛権の内容について自らの見解を明かし、政府の見解との異同を問うことを避けて、「最低限」の意味のみを問うことに、そもそもの間違いがあったのである。

政府の側が、切り返してその誤りを指摘できなかったのも、自衛権の内容と内外の脅威について具体的に説明できる用意がなかったからである。しかし、そのような「神学的」議論が通用してきたのは、守るべき内容・それをめぐる国際情勢が如何にあろうとも、アメリカのいうことを聞いてそれに従ってさえいれば、現実に戦争が起こり、わが国が巻き込まれる危険を防ぐことができたからである。空想的平和主義者や護憲派の現実離れした議論に対して、それにまともに応対せずとも、一時煙に巻いておくだけで、現実的障害はなかったのである。

しかし、最近の危機は、その様相を異にしている。中国の侵略主義的台頭を前に、米国の融和的態度と力の後退が明らかになるにつれて、わが国自身が軍事的行動をもって対処する準備をしなければ、いよいよ戦争を防ぐことが不可能な情勢になってきたのである。もはや、気休めの防衛論議では済まされない。にもかかわらず、その問題に正面から立ち向かうべき安倍内閣にして、先の『安全保障法制の整備について』にみたような憲法解釈しかなしえていないのが現状である。

現行憲法の下で自衛力を強化しようとするならば、九条2項が本質的に自衛力の保持を否定するものである以上、それを、自衛権行使を容認するものと解釈するに際して、自衛権に「最低限」という条件をつけたとしても、その限度を定める基準を第2項の中に求めることは出来ないのであり、従って、一旦自衛権の行使を認める解釈をしたならば、第2項の規定自体は自衛権の内容に何ら影響を及ぼし得ないことを、明瞭確実に認識して掛かる必要がある。つまり、「最低限の自衛権」とは、その制約基準は、第1項（戦争放棄、武力の行使及び武力による威嚇の禁止）に求める以外にないことになる。

第九条（1項）が明確に禁止している行為は、「国際紛争を解決する手段として」、①戦争をすること、②武力を行使すること、③武力で威嚇することの三点である。国際紛争がこじれて、もしくは相手国が理不尽な理由で、①戦争を仕掛けてきたとき、②武力を行使してきたとき、自衛権の行使としてそれぞれの禁止は当然解除される。「国権の発動たる」戦争の放棄とは、自ら進んで戦争をしない趣旨であって、相手から仕掛けられた戦争に対して、「国権を発動」して応ずることは妨げられないと考えるべきであろう（ただし、自衛のための「戦争」は、国連憲章によって国連安保理事会が「国際の平和又は安全に必要な措置」をとるまでの間に限って認められるので、国連が正常に機能している限り、それまでの自衛権の行使は「戦争」に至る前の「武力行使」の段階に止まるものとされているのである）。そして、②の互いの武力行使が戦争に発展するかどうかについては相手方次第のことであり、当方から進んで戦争に発展させることは避けるべきである、ということであろう。

では、相手が③武力で威嚇してきたとき、どう対応するのか。必要なことは、第一に威嚇には屈しないこと、つまり、威嚇では相手方の目的達成が不可能であることを（相手方に）示すことであり、第二に、その裏付けとして、相手が威嚇を取りやめることなく、武力行使に踏み切ることに備え、それに対抗する用意（すなわち当方の武力行使の用意）をして、相手にそれを知らしめることである。威嚇に屈しないことは、相手の武力行使を誘発するリスクを負うということであり、武力行使をされたとき、または戦争を仕掛けられたときにおいては、より大きなリスクに直面する。そのリスクを負うことを禁止する規定は、現行憲法のどこにも記述されていない。従って、最低限の自衛権は、結局のところ先に述べた国民的意識として表明されるべき自衛の内容を、現実の脅威に対していかに守るか、ということに帰着するのである。

ここで改めて九条2項「交戦権の否認」が自衛権に与える制限について考えてみよう。

交戦権とは、国家が戦争を開始し、戦争の当事者（交戦者）として有する国際法上の権利であり、日本政府の解釈によれば、それは自衛権とは別のものであり、交戦権を放棄しても、わが国の自衛権の行使には何ら差し支えない、ということであるが、相手方の武力行使に対して自衛権を行使し、それが事実上の戦争状態に発展すれば、当方も必然的に一方の交戦者にならざるを得ない。その場合、国際法で認められている交戦主体の権利・義務に従わなければ、つまり交戦権を行使しなければ、国際的に正当な自衛権の行使とは認められないことになる。少し具体的にみるならば、ウィキペディアによれば交戦権の内容の例として次のものがあげられているが――

①敵戦力の破壊および殺害

②中立国の船舶に対しての国防上の要請から、もしくは戦時禁制品の取り締まり等のための海上封鎖、臨検《りんけん》や拿捕《だほ》

③　捕虜の抑留
④　占領地では軍政を敷いて、敵国民やその財産についての一定の強制措置
右のうち、①は当然自衛権の行使の場合も認められるが、事態の推移によっては③の行使（捕虜の抑留）はあり得るし、逆に捕虜とされる場合もある、などということである。②の臨検や拿捕は、平時においても自衛措置として認められるが、「戦時」において、より必要になることはあり得る。「周辺事態法」には臨検に相当する——船舶検査活動——規定もある。

以上により**自衛行動のあり方が交戦権行使の内容を制限することはあり得るが、「交戦権の否認」が自衛権制限の基準にはならない**ことは明らかであろう。

以上、にもかかわらず、第2項の存在自体が、二つの面から事実上の自衛権制限の要因となっている。その第一は、自衛権の「最低限」という質量上の意味不明の観念が、自衛権についての自由な考察検討（及び第1項の現実的解釈）を脅かし、その議論を妨げていること、第二は、自衛隊の合憲性・合法性を担保するために、自衛隊が明文上において戦力・軍隊であることを認めないという法形式に拘泥して、自衛隊のあり方・自衛権行使の基準態様等が、形式主義的法技術に拘束され、過剰な制約が掛けられ歪められていることである。

このような不合理かつ不鮮明な事態から脱することは、当面する改憲及び防衛力強化の両課題にとって共通の差し迫った必要事である。従って、第一に、憲法改正の見地からは、第九条2項は削除すべき不当な条項であることを——以上に述べてきた自衛権の「最低限」を決める基準になり得ないことを含め

て――、宣言し訴えることが必要である。すなわち、自主憲法制定を目指すことを含む全ての憲法改正運動の当面の課題――自主憲法制定に向けての準備は長期的活動として必須のことであるが、政治的課題として草案起草などに取り組むべき条件は今日のところ成熟しているとは考えられない――は、**何よりも第九条の改正に集中することである。それは、護憲派が「九条擁護」に目標を集中していることに正面から対抗して雌雄を決すること**であると同時に、先にみた「環境権」等の甘言により誘導される**日和見主義的改憲路線を打破すること**でもある。

九条改正、それも2項の削除に目標を限定するとは、余りに狭すぎるのではないか、と考える向きがあるかも知れない。かつて、憲法改正といえばもっぱら九条がその焦点となっていた時代に、憲法の中心問題・重要課題は決して九条に限らないと云うことがしばしば指摘され、それは当然にもその通りなのであるが、ここで述べていることは、あくまでも政治行動上の問題である。

漫然と改憲を唱え、期待するのではなく、改憲論者なら誰しも異論の余地がなく、護憲論者との対決点も明確であり、一般国民にとっても理解しやすい問題である九条改正に力を集中することよって、漫然とした改憲派が、**行動する改憲主体へと発展成長する**契機となるだろう。それは、現行改憲手続きの下での改憲実現の展望を切り開くことになる（注）（その実現過程において他の改憲課題や改憲手続きの変更が提起され、その同時実現が進むならば、それを否定すべき理由はない。特に「前文」の削除が課題に上るならば、それは占領下憲法の根本思想の打破に繋がるものである）。その実現が、より大きな改憲へと繋がるものであることは言うまでもない。

（注）　現在与党内の改憲論議が「環境権」等の回り道をしている理由は、改憲の「発議」自体に衆参各院の三分の二以上の議員の賛成を必要とするため、出来るだけ多数の議員に受け容れやすい、抵抗感の少ない課題から始めようとするからであろうが、改憲を闘いと考えるならば、最も拙劣な闘い方である。論点が白黒単純明快な中心課題、九条2項削除是非の判断を、全議員に妥協の余地のなく迫ることこそ、改憲発議の厚い壁を突破する近道である。一回で発議できなくとも（一事不再議さえ避ければ）、何度でも試行することが可能である。

第二に、第九条の改定運動と並行して、同時に、国防方針と防衛関係諸法の根本的改定を進めること（国会における成立が困難な場合であっても）、少なくとも国民的課題として公然と提案・宣伝すべきである。それは、**九条2項の、自分の国を自分で守ることを許さないかのような暗示を解き、九条改正が実現されるまで本格的な国防強化は不可能だ、という諦観的待機的姿勢を打破し克服するため**でもある。今日、九条改正の必要を認める人の多くが、憲法条文の変更が実現されるまで、本格的防衛力強化が出来ないのはやむを得ない、と考えているのではないか。

それこそ、改憲派自身が九条2項の暗示に惑わされていることに他ならない。

しかし、事態はそれほど悠長に構えてはいられない。**九条2項による制約に拘束されることなく――それが具体的に規制拘束することが何もないことはすでに述べてきた――「自分の国は自分で守る」**

という根本原理に立って自衛権の内容と現実的脅威についての検討・議論を進めるべきである。それは、護憲派を意識的な反日勢力と切り離し、九条改正を進めることにも繋がる。

それでなお、「解釈改憲」が「立憲主義」の見地から不当であるというのならば、そう非難する者こそ進んで憲法改正を主張すべきではないか。自衛権を事実上否定し制限しているのは、戦力保持の禁止・非武装条項なのであり、それを削除すれば自衛権の行使に対する憲法違反の疑いはすべて解消する。その結果、わが国はたんに「普通の国」になるだけでなく、憲法九条（1項）の「平和主義・戦争放棄」の理念・理想はいささかも損なうことなく、むしろそれは「武力による威嚇又は武力の行使」を慎むべき国連憲章（第二条第四号）の規範をより厳しく自らに課すものであり、戦後一貫した平和国家としてのわが国の在り方を改めて確認し、さらにそれが現実主義的な力の裏付けを得ることによって、各国の独立・主権及び領土・領海を尊重するより公正な国際秩序の形成と運用に貢献するものであることを訴えることができる。そのように問い返し反論するならば、安倍内閣が「右傾化」「軍国主義化」を進めているかのような内外の主張と虚偽情報を論駁粉砕し、「積極的平和主義」の意味を内外に鮮明にすることができるであろう。

第二節　尖閣問題の本質――中国領海法

尖閣諸島がわが国の防衛問題の焦点であることはいまさら言うまでもないが、問題は、中国が、尖閣諸島の帰属は核心的利益に属する、と主張していることである。一九九二年（平成四年）に制定された「中華人民共和国領海及び接続海域法」（「中国領海法」）は、その第二条において次のように定めている（島名はすべて中国語表記による）。

中華人民共和国の陸地領土は、中華人民共和国の大陸本土及びその沿岸諸島、台湾及び釣魚島《ちょうぎょとう》を含むその全付属諸島、澎湖《ほうこ》列島、東沙《とうさ》群島、西沙《せいさ》群島、中沙《ちゅうさ》群島、南沙《なんさ》群島、及びその他の中華人民共和国に属する全島嶼を包括する。

第一に、国際法など眼中にないかのように、わが国の一部＝尖閣諸島を一方的且つ勝手に中国領土（釣魚島）と規定している。これだけですでに妥協の余地なき対立関係となっていることが明らかである。

第二に、尖閣諸島が台湾の付属諸島・台湾の一部と定義されており、従って、尖閣問題が台湾の帰属問題と一体化していることが分かる。中国としては、領有権を主張する根拠として、尖閣を台湾の付属と見なすことが都合がよい、又はそうするほかないことによるのであろうが、あえて台湾問題と結びつけて、並々ならぬ決意をもって臨んでいることを示すものと見るべきである。

第三に、各国と係争中の南シナ海の諸島の帰属問題と尖閣問題とが同一の条文に基づいて発生しているのであり、密接に関連していることが分かる。つまり、東沙諸島（プラタス諸島）、西沙諸島（パラセル諸島)、中沙諸島(マックルズフィールド堆、スカボロー礁等)及び南沙諸島(スプラトリー諸島)の帰属問題の決着は、わが国にとって他人事《ひとごと》では済まされないのである。中国はこれ等諸島を自己の領土と規定して南シナ海の主権を主張しているのであり、最近の岩礁埋め立ても、それを根拠にしている。南シナ海沿岸諸国の主権問題及び通航安全問題も、尖閣問題と切り離せない関係にあることが分かる。

以上により、一九九二(平成四)年以来わが国と中国は、のっぴきならない対立関係に入っているのである。その後の中国は、経済的興隆と年率一〇パーセントを超す軍事費の膨張を通じて大国としての重みを増し、一方わが国は「失われた二〇年」といわれる停滞と河野外交等の対中融和政策によって後退を余儀なくされてきた。その間、台湾においては国民党政権の「台湾化」と民主化が進められ、李登輝・陳水扁両政権を通じて独自の歩みが模索推進された。

それに対して米国は中国との協調と対立回避を優先させ、台湾の自立化を抑制(国名変更、憲法改正、住民投票等に反対)し、現状維持を求めた。その結果民進党は後退し、国民党馬英九政権の下で中国経済への依存と結合が強められ、政治的一体化傾向が進み始めた。しかし台湾人民はそれに反発し、二〇一四年〝ひまわり学生運動〟と地方選挙を通じて国民党は後退し、台湾独自路線への回帰が見られる。

わが国は、サンフランシスコ平和条約(第二条(b))で台湾の領有権を放棄したから、台湾の帰属問題について国際法上の発言権を失った。さらに日中共同声明で台湾は中国の一部であるという中国の主張を理解し尊重する、と約束したから、中国に対する信義上、台湾を中国から分離する立場を（自ら表明することはもちろん、台湾当局を含む他者のそれを）支持することは出来ない。中国の台湾併合を積極的に支持はしないとしても、中国政府の立場に反対することも出来ず、ただ中国が武力統合することに反対できるだけである。

しかし、**わが国は、台湾の帰属決定に関する発言権は失ったが、台湾の旧〝臣民〟（とその子孫）の意思を尊重することを希望する、という立場を表明することはできる。**日中共同声明の時点で、わが国にその認識と意志があれば、それは出来たはずである。そうしていれば、それは中国政府の主張を尊重するという立場を相殺し、無意味化することになった（日中国交回復が御破算になったかもしれないが）。

その後、一九九六年、李登輝総統が選挙で選出される際、中国はミサイル発射演習でそれを威嚇妨害し、アメリカが第七艦隊を台湾海峡に派遣して威嚇を退けたのであるが、その時点またはその四年後の陳水扁総統の誕生の時点でその希望を表明していれば、同様の政治的効果があったことであろう。

そして今日、三度目の機会が訪れつつあると思われる。

そもそも、わが国が中国の立場を理解し尊重する、と約束したのは、中国政府が台湾当局をはじめ国際的な関係者に正当な手続きをもって提案し交渉し、国際法に基づいて解決することを前提にしていたはずである。

しかるに台湾領有を一方的に国内法＝領海法で決定したことは、国際信義上、その時点でわが国の中国の立場を尊重する義務を見直すべき時が来た、と考えるべきではないだろうか。まして、国内法を根拠に一方的にその主張を実現しようとする限り、わが国は「尊重義務」に拘束されないことを表明してもよいはずである。しかるに、四半世紀近くにわたってわが国は（米国も同様であるが）、中国の信義違反をとがめるどころか、正反対に追従してきた——とくに一九八九年の天安門事件に対する経済制裁は欧米諸国に先んじて解除した——のである。その結果中国は増長し、国際法を無視、国内法をもって一方的に周辺諸国を威嚇し、攻勢を強めてきた。尖閣問題は、その攻勢の一環に他ならない。

さらに、中国が自己の領土と決定している南沙諸島（新南群島）、西沙諸島は、わが国がサンフランシスコ条約（第二条（ｆ））で領有権を放棄した諸島である。すなわち、台湾同様に、否、台湾以上に中国が一方的に領有を主張する法的根拠はあり得ない。台湾はかつて清国の領土であり、カイロ宣言に中華民国に返還すると書かれていたから中国が食指を動かす一応の理由はあるが、南シナ海の諸島は、わが国が領有する以前は無主の地だったのであり、それをわが国が国際法上の手続きに則って領有し、サンフランシスコ条約でそれを放棄したのであるから、そこに中国が一方的に領有権を主張する根拠は何もないのである。

にもかかわらず中国は、南シナ海域全体の領有を主張し、沿岸諸国には何の分け前も与えないかのような強欲、傲慢さである。それを力で押し切るために、中国は各国との二国間協議による解決を主張している。それに対して、アセアン諸国は国際的基準・ルールの制定を呼びかけている。わが国は、平成二十五年十二月のアセアン首脳会議（於東京）の共同声明を通じてアセアン諸国の態度を支持していることはすでに見たとおりである。

以上、尖閣問題、台湾の帰属問題及び南シナ海諸島の領有権問題は、中国領海法を介して一連の問題であり、その解決は、サンフランシスコ条約に於ける未解決問題の処理と関連していることが明らかである。わが国はその解決の内容に直接関与することはできない（もちろん尖閣問題を除いてのことである）が、法に基づく解決を呼びかけ、国際会議等を主導的に推進することは可能である。むしろ、わが国こそ、その実質的推進にとって最も重要かつ効果的な役割を果たし得る立場にあるのだ。

第一に、以上の諸問題の解決が進捗しなかった最大の原因はアメリカの曖昧な態度にあり、その態度の転換を促す上で最も大きな影響力を発揮しうるのは最大の同盟国たるわが国に他ならないこと。第二に、日米同盟は、わが国がアメリカの国際戦略に協力することによって結果的・間接的にわが国の安全を確保するという偏頗な関係なのであるが、アメリカにその態度転換を促すことが、日米同盟（日米安保条約体制）を直接にわが国の防衛目的と合致したものにすることに繋がるからである。

今日アメリカは、尖閣諸島は日米安保条約の適用範囲であることを明言している。わが国が尖閣諸島を実効支配しているからである。中国が尖閣諸島を奪取するために武力行使をすれば、米国が共同して戦ってくれることは先ず疑いない。それが抑止力となっていることも明らかである。しかし、中国が搦《から》め手から取りに来て――遭難を装って〝民間漁民〟を上陸させ、その保護を名目に軍艦を派遣、居座ってしまうなど中国の実効支配下に入ってしまえば、それを追認し、安保条約の適用範囲外と見なされる公算が大である。アメリカが〝領土紛争〟に対して〝中立〟だ、というのはそういうことである。それが日米同盟の信頼性に疑念を抱かせる一要因であることは否定できない。尖閣防衛に限れば、わが国の自己防衛の強化によって中国の搦め手攻勢を防ぐことはできるし、そうすべきであるが、アメリカに対する疑念を払拭することが望まれることは言うまでもない。

アメリカの態度に疑念を抱かせる今ひとつの例が竹島問題である。

わが国はポツダム宣言―サンフランシスコ条約によって朝鮮半島の独立を受け容れたのであるが、その際、寸土といえども日本領土の一部を、併合以前の朝鮮領域に付加することは約束していないし、いかなる国際条約にもそのような取り決めはない。竹島は韓国による強奪以外の何ものでもないことは明白である。にもかかわらずアメリカは、その不正を容認してきた。今さら竹島問題の解決にアメリカの力を借りることはないが、アメリカが、そのような曖昧な態度を修正して国際法に基づく正義を鮮明にしない限り、日米同盟は盤石なものになり得ない（注）。

（注）　わが国の安全保障にとって、韓国が如何に反日的であろうとも、またわが国民の〝嫌韓〟感情が高かろうとも、韓国との軍事的提携（今日、米韓同盟を介してそれは維持されている）を解消することはできない。それが日韓関係の宿命である。

もし、わが国が中国との軍事的対立状態に入ったとすれば、ミサイル防衛のイージス艦を日本海に配置することになるが（わが国からのミサイルによる反撃・報復攻撃のためにも同様である）、そのためには朝鮮海峡からの中国艦船（とくに潜水艦）の進入を防がなければならず、それには韓国軍の協力が欠かせない。ところがそこで韓国軍の協力が得られないばかりか、反対に妨害を受けることになるとすれば……。つまり、韓国が軍事的に中国側に付いている状況で中国との軍事的対立の危険が高まったとすれば、先ず朝鮮半島、少なくともその南端の保障占領が必要となり、それを可能にするだけの海軍と陸戦隊（海兵隊）を常備しておかなければならない……。

右のような大袈裟な事態は、米韓同盟が実効的である限り有り得ないのであるが、それにしても、韓国が反日であることの危険性について、アメリカに十分な理解を得ておくことが必要である。そして、アメリカは官民とも、過去の対韓政策の誤り、慰安婦問題で韓国の対日攻勢を容認してきたことなどは言うまでもなく、少なくとも戦後李承晩のような反日政権を樹立したことの誤りを認識することが求められるのである。

南シナ海について問題はより深刻である。ベトナムやフィリピンには日米同盟に匹敵する米国の軍事的後ろ盾がない故に、中国は気ままに両国の領土主権を侵害している。もし、アメリカに、国際法に違反した力による領土・領海の拡張は認めない、未確定の領土領海は国際法の原則に従って協議調停・互譲妥協による協定に基づくべきである、という確固たる信念を貫く決意があったならば、南シナ海における今日の危機は避けられたであろう（注）。

（注）　一九九四（平成六）年の「国連海洋法条約」（海洋法に関する国際連合条約）の発効が南シナ海の諸島の領有権をめぐる協議調停のひとつの機会だったのであろう。中国は、周到かつ戦略的に、同条約

の発効を睨んで「領海法」を制定したのではないか。

中国が、南沙諸島の岩礁埋め立てを始めたのは二〇一三年であり、フィリピンは早くから抗議の声を上げていた。にもかかわらず、アメリカはそれを阻止するための具体的措置を執らなかったばかりか、見て見ぬ振りをしてきたのである。三千メートル級の滑走路が姿を見せはじめ、それがCNNテレビで放送されるに及んで、漸く軍が重い腰を上げようとしているようである。しかし、中国の埋め立て工事を中止させるためには、現実に戦端を開く覚悟が必要になっているのではないか。アメリカは果たしてその覚悟を固めることができるのか。

戦端が避けられる最も好ましいシナリオは、中国側がアメリカの決断を前に衝突を回避して一端工事を中断することであるが、それは中国にとっては一時的な譲歩中断、時間稼ぎに過ぎず、それを完全な埋め立て中止に追い込むためには、さらなる軍事圧力が必要であろう。

今ひとつ、好ましいシナリオではないが、アメリカが最初から妥協的な譲歩案、例えば、埋めたて後の軍事的利用の禁止、もっぱら通商や航海安全のために利用することを条件に埋め立て工事の完成を認めることである。それは、戦端開始後の軍事衝突解消のためにも考えられる妥協案であるが、いずれにしても沿岸国の主権を犠牲にした平和であり、〝ミュンヘン〟の二の舞である。埋め立ての完全中止（たとえ埋め立て工事が完成して破壊が困難になったとしても、その施設に対する中国の主権は認めず国際化すること）、未解決領土問題はすべて国際的交渉によって解決すること、これ等以外の条件はあり得ない。

右の条件を貫くことは、たとえ戦端が避けられない場合であっても、最終的な平和的解決を実現する唯一の道である。それに逆らう中国は国際的孤立化は避けられず、中国国内においても理性的勢力によって批判される可能性が高い。アメリカ国民にしても、法と道理にかなった、しかも売られた戦争を厭うことはないであろう。いまならばまだ、一時的な武力衝突を覚悟すれば、全面的な戦争に至らず、平和的解決に至る可能性が大きいのではないか。しかし、時を経るにつれてその可能性は小さくなり、やがて全面戦争か屈服か、という選択以外にあり得ない事態となろう。

以上、アメリカに対する批判を述べてきたが、従来それができなかったのは、わが国が一方的に安全保障をアメリカの軍事力、その覇権戦略に依存して、自主自立の防衛力構築を避けてきたからである。アメリカを批判する大前提として、わが国自身の防衛力構想の樹立が必要になっていることは、右に見てきたことから明らかである。

先ず、アメリカがその戦略上必要とする事項についてアメリカからの協力要請に如何に応えるか、という従来のわが国の基本姿勢を転換させることが必要である。右に見た、尖閣、台湾及び南シナ海の問題について、わが国独自の政治的判断を下し、わが国独自になし得ること、なすべきことを明らかにし、その上でアメリカに協力を要望する、という方向である。それが憲法によって制約されないことは、すでに十分論証してきたところである。

しかし、それにしては国会における防衛論議の現実との乖離、半世紀前のような時代遅れには唖然《あぜん》とし、慄然《りつぜん》とするほどである。国防を忘れた揚げ足取りの野党攻勢は論外であるが、政府与党側の対応もあまりにも姑息ではないか。政府提案の防衛諸法の改定は、役人的作文の継承であることに変わりはなく、成立した方がよいには違いないが、国民の胸に響くものが無い……。院外からの大声によって、より根本的な改定を急ぐことが必要であると考える。

第三節　国防問題断章

この節は問題提起の極く一部であって十全な提案というわけではない。現実的具体的な提案は、専門家の助言による他にない。筆者の期待は、改憲に先立つ国防問題の提起が、軍事専門家や評論家による論壇・インターネット内の議論に止まらず、草の根からの政治の場に広がる呼び水になれば、ということである。

一、集団的自衛権について

「集団的自衛権行使を可能にする閣議決定」が安倍内閣の憲法解釈及び国防政策転換の目玉であり象徴であるが、いささか過大評価、過剰な期待が掛けられているのではないか。

あまりにも長い期間、内閣法制局の「集団的自衛権は保持するが行使できない」という珍奇な憲法解釈によって安保論議が金縛りされてきたのであるが、そもそも自衛権行使に関する憲法解釈において、個別的自衛権と集団的自衛権との間に殊更壁を設けること自体ナンセンスなことである。簡単な例を挙げるならば、わが国の米軍基地に他国のミサイルが撃ち込まれたとき、自国の領域が攻撃されたのであるから、個別的自衛権を発動してそれに反撃するのは当然であるが、それは他面において（いわば潜在的に）集団的自衛権の行使とも言える。わが国の領域と主権が侵されても、それだけならば直ちに反撃せず、場合によっては外交交渉で解決することがあるかも知れない。しかし、直接攻撃を受けた米軍が反撃行動に出たにもかかわらず、わが国が集団的自衛権の行使を拒否したとすれば、それで日米同盟すなわち自国の防衛は終わりである。この場合には、個別的自衛権の行使は抑制できても集団的自衛権の行使は避けられないのである。そのような例を考えただけでも、内閣法制局の憲法解釈が、如何に歪んだものであるか明らかである。

その状態から抜け出るためになされた努力は認めなければならないが、所詮それは内閣法制局の越権的憲法解釈を是正しただけのことである。その点を明らかにして「憲法解釈の変更」を大袈裟に強調するマスメディア及び野党側の攻撃を退けなければならない。その上で、集団的自衛権行使の容認が、直ちに国防政策をそれほど大きく前進させるものではないことを知るべきであろう。最大の効果と言えば、〝米国からの要望を断り、又はそれから逃れる口実が減らされた〟ということではないか。そうだとすれば、前節末で述べた、わが国の基本姿勢の転換からはほど遠い、米国依存の甘えの継続に他ならない。

そもそも、尖閣や南シナ海の問題において、米国が攻撃されてわが国の存立が脅かされ、国民の生命、自由及び幸福追求の権利が「根底から覆される明白な危険」が発生する事態がどれほど予想されるのであろうか。むしろ、わが国自身が率先して出動してアメリカの集団的自衛権の行使を期待し担保することの方が、より現実的で重要なのではないか。

新たに可能になったとされる米国以外の国（アセアン諸国等）に対する（わが国の）集団的自衛権の行使において、最初から最前線の攻撃に参加する、というのはおそらく非現実的であり、後方支援から始めること自身は妥当なことであろう。それがアメリカの集団的自衛権行使に伴うものならば、とりわけ有意義である。しかし、その後方支援が非戦闘地域に限定され、武力行使と一体化してはならない、戦闘が及んできたならば撤退する、というのでは、最初から集団的自衛権など行使しない方がよいことになろう。

二、領域外における自衛権行使

前項の「後方支援」において武力行使を控える真の理由は、集団的自衛権の行使可否の問題ではなく、個別的であれ集団的であれ、領域外での自衛権行使そのものをできないものと考えていることにあるのではないか。

憲法上、自衛権の行使に制限があると考えるならば、それを自国領域内に限る、というのは一つの考え方であろう（「専守防衛」）。特に、占領終了直後、自国の領海領土を守る力さえ持っていなかった当時においては、自国領域だけでも守りきる力を持つことを目標にするのは当然であった。そして、領域外の安全保障は米国の戦略における極東防衛に身を任せていたのである。しかし、わが国の国力が増し、防衛力増強が可能になり、また、現実の脅威が増し且つ国際的責任が重くなってくるにつれて、それでよいのか、ということになる。

シーレーン防衛、（ペルシャ湾等の）機雷除去、海外邦人の保護救出等、明白な自衛行動のために自衛隊を派遣することを、「海外派兵」であることを理由に反対する、又は控える、というのは奇妙なことである。海外派兵すなわち侵略行為という固定観念がそうさせているのであろう。憲法の条文に、自衛権の行使を領域内に限定し、又「海外派兵」を禁止する規定はないのである。

三、「専守防衛」から「抑止戦略」への転換

前項から帰結することは、頑《かたく》な「専守防衛」主義を、見直すと言うよりきっぱりと放棄することが必要になっていることである。

軍事アナリストの北村淳氏は、当面の自衛力強化の第一歩として、「報復攻撃力」（「とりあえずの抑止力」）の構築、そのため具体策として、米国からトマホーク（長距離巡航ミサイル）の購入配備（約八〇〇基）を提案しているが（『巡航ミサイル1000億円で中国も北朝鮮も怖くない』講談社＋α文庫、平成二十七年三月刊）、早速検討してみるべきではないか。

まず、その前提として、自衛隊法のミサイル防衛（弾道ミサイル等に対する破壊措置）の次の規定は即刻削除して、最初から防衛現地の対応規定（左の第3項傍点部の「緊急対処要領」）に任せることにすべき

である（弾道ミサイルは発射されて十分前後で落下してくる）。

（自衛隊法）

第八十二条の三　防衛大臣は、弾道ミサイル等が我が国に飛来するおそれがあり、その落下による……被害を防止するため必要があると認めるときは、内閣総理大臣の承認を得て、自衛隊の部隊に対し、我が国に向けて現に飛来する弾道ミサイル等を我が国領域又は公海の上空において破壊する措置をとるべき旨を命ずることができる。

2（略）

3　防衛大臣は、第一項の場合のほか……内閣総理大臣の承認を得るいとまがなく……被害を防止するため、防衛大臣が作成し、内閣総理大臣の承認を受けた緊急対処要領に従い、あらかじめ、自衛隊の部隊に対し、同項の命令をすることができる。この場合において、防衛大臣は、その命令に係る措置をとるべき期間を定めるものとする。

四、武力行使・武器使用の基準

自衛隊の武力行使の権限は自衛隊法で次のように規定されている。

（防衛出動時の武力行使）

第八十八条　第七十六条第一項の規定により出動（「防衛出動」）を命ぜられた自衛隊は、わが国を防衛するため、必要な武力を行使することができる。

2　前項の武力行使に際しては、国際の法規及び慣例によるべき場合にあつてはこれを遵守し、かつ、事態に応じ合理的に必要と判断される限度をこえてはならないものとする。

要するに、武力行使は防衛出動を命じられている場合に可能であり、その基準は、①国際的法規定及び慣例、②合理的に必要な限度内、ということである。

ところが、左記のような防衛出動以外の命令に基づく行動においては、自己及び配下の者等の安全のために武器を使用することが許されているが、武器を持って襲ってきたものに対する反撃（たんなる「武器使用」ではなく「武力行使」に相当する）は認められていない。

「自衛隊の施設等の警護出動」（自衛隊法第八十一条の二）、

「海上における警備行動」（同第八十二条）、

「海賊対処行動」（同第八十二条の二）、

「在外邦人等の輸送」（同第八十四条の三）、

「後方地域支援等」（同第八十四条の四）

これ等の任務に於いても、①国際的法規定及び慣例、②合理的に必要な限度内、という基準の「武器使用」（事実上「武力行使」）を認めるべきである。それぞれの行動において、その装備の規模内容は異なり、それぞれの国際法規・慣例及び合理的必要の限度に基づく装備及び武器使用基準が決められるはずであるから、法による一般的権限は、防衛出動の場合と別のものにする必要は無い。

五、防衛出動の要件

防衛出動、防衛出動待機命令の自衛隊法の規定は次の通りである。

（防衛出動）

第七十六条　内閣総理大臣は、我が国に対する外部からの武力攻撃（以下「武力攻撃」という。）が発生した事態又は武力攻撃が発生する明白な危険が切迫していると認められるに至つた事態に際して……自衛隊の全部又は一部の出動を命ずることができる。この場合においては……国会の承認を得なければならない。

2（略）

（防衛出動待機命令）

第七十七条　防衛大臣は、事態が緊迫し、前条第一項の規定による防衛出動命令が発せられることが予測される場合において、これに対処するため必要があると認めるときは、内閣総理大臣の承認を得て、自衛隊の全部又は一部に対し出動待機命令を発することができる。

防衛出動命令が出される条件は「武力攻撃が発生した事態又は武力攻撃が発生する明白な危険が切迫している……事態」ということであるが、結論から言えば、「武力攻撃予測事態」（法改正によって「存立危機予測事態」ということになるようである）においても防衛出動命令を出せるようにすべきであると考える。それによって、①国会承認を得る十分な余裕が持てる。②これによって領域外で発生した危機に対する防衛出動もできるようになるだろう。また、集団的自衛権の行使も防衛出動の一部とすることができることになるだろう。③現行規定によれば、防衛出動とはほとんど武力行使と同義であり、現場から遠い国会が武力行使の当否を判断し、決定するという非現実的なことが罷り通ることになるが、予測事態から防衛出動していれば直ちに武力行使には至らず、いよいよ武力攻撃事態に直面した時、武力行使の判断は現地自衛隊の指揮官に任せることができる（原則任せるべきである。ただし、場合によっては総理大臣又は防衛大臣の命令によることもあり得るだろう）。④これによって、前項（四）の防衛出動以外の行動における「武器使用」を「武力行使」と認めても、防衛出動の場合との法的整合性は保てることになるだろう。⑤予測事態が「武力攻撃事態」（「存立危機事態」）に至らず終息したならば、防衛出動を取り消せばよい。その場合、防衛出動が武力攻撃を抑止した、といえる可能性が高い。⑥防衛出動待機命令の規定は不要になる。

六、国民保護法――廃止又は全面改定

この法律は、「武力攻撃事態等における国民の保護のための措置を的確かつ迅速に実施する」ため

の膨大な官僚的手続き規定の作文である。一応、「全面改定」とも表示したが、廃棄して**新しく、緊急事態法（又は非常事態法）として作り直すべきである**と思う。行政機能が麻痺するような状態において、平時同様の行政手続きが通用することを前提にすること自体矛盾である。次に現実離れした綺麗事の数例を掲げる。第一条において、この期に及んでなお「国全体として万全の態勢を整備」とは！

第一条　この法律は、武力攻撃事態等において……国民の生命、身体及び財産を保護し……国民生活及び国民経済に及ぼす影響が最小となるようにすること……国、地方公共団体等の責務、国民の協力、住民の避難に関する措置、避難住民等の救援に関する措置、武力攻撃災害への対処に関する措置その他の必要な事項を定めることにより……国全体として万全の態勢を整備し、もって武力攻撃事態等における国民の保護のための措置を的確かつ迅速に実施することを目的とする。

（国民の協力等）

第四条　国民は、この法律の規定により国民の保護のための措置の実施に関し協力を要請されたときは、必要な協力をするよう努めるものとする。

2　前項の協力は国民の自発的な意思にゆだねられるものであって、その要請に当たって強制にわたることがあってはならない。

3（略）

（基本的人権の尊重）
第五条　国民の保護のための措置を実施するに当たっては、日本国憲法の保障する国民の自由と権利が尊重されなければならない。
2　前項に規定する国民の保護のための措置を実施する場合において、国民の自由と権利に制限が加えられるときであっても、その制限は当該国民の保護のための措置を実施するため必要最小限のものに限られ、かつ、公正かつ適正な手続の下に行われるものとし、いやしくも国民を差別的に取り扱い、並びに思想及び良心の自由並びに表現の自由を侵すものであってはならない。
（国民に対する情報の提供）
第八条　国及び地方公共団体は、武力攻撃事態等においては、国民の保護のための措置に関し、国民に対し、正確な情報を、適時に、かつ、適切な方法で提供しなければならない。
2　国、地方公共団体並びに指定公共機関及び指定地方公共機関は、国民の保護のための措置に関する情報については、新聞、放送、インターネットその他の適切な方法により、迅速に国民に提供するよう努めなければならない。

非常事態法は、通常の法が通じなくなった事態を想定すべき法であり、憲法にそのための条文があると否とに拘わらず、制定されなければならないものである。その点で、防衛力強化と憲法との関係と類似した関係にあるといえる。

七、スパイ防止法、情報《インテリジェンス》機関の設立

これらは、憲法の制約とは全く関係のないものであり、堂々と正面から政治課題として掲げられるべきである。言論・報道・思想の自由等を理由に反対する者に対しては、それが如何に敵性国家の利益に通じる主張であるかを公然と暴露する宣伝を開始すべきである。反乱罪、外患誘致罪に関する法制定の必要性も、公然と政治課題として提起されるべきであろう。

以上は、「極右」のレッテルを貼って攻撃されるかも知れないが、国際的に常識であることを鮮明にして対抗する。そこを突破しなければ、国防体制の推進、改憲も覚束ない。

八、軍事裁判所

真の建軍のために、軍事裁判所（軍法会議）の設置は不可欠であるが、これには憲法上二つの制約がある。一つは言うまでもなく第九条であり、今ひとつは第七十六条2項――

特別裁判所は、これを設置することができない。行政機関は、終審として裁判を行ふことができない。

という規定である。九条改定とともに、この規定の前段を削除することが必要である。

第五章　靖国神社「公式参拝」違憲問題

平成九年四月、最高裁判所は「靖国神社に対する玉串料の公費支出は憲法違反である」という判決を確定している。それは、愛媛県知事が、靖国神社と愛媛県護国神社に、任期中毎年玉串料《たまぐし》・献灯料《けんとう》・供物料《くもつ》等の公費支出をしてきたことに対して、それを違憲とする住民が起こした損害賠償請求訴訟、その上告審における判決である。これによって、事実上、首相以下、閣僚、行政機関の責任者などの靖国参拝は「私的」参拝しかあり得ないことになっているのである。この事実が一般にあまり重視されていないのは解《げ》せないことであるが、ここでそれについて論じている余裕はないので、その対策のみを考えることとする。

その判決理由によれば、国家、公共機関による靖国参拝は宗教行為であり、従って、国家の宗教活動を禁止する憲法第二十条第3項［国及びその機関は、宗教教育その他いかなる宗教活動もしてはならない。」の違反だというのである。信教の自由を定めた憲法第二十条について最高裁判所は、国と宗教との一切の関わりを否定するものではなく、国の「宗教的行為」が、その目的において宗教的意義をもち、その効果において特定の宗教に対する助成、支持又は干渉、圧迫等になるもののみが禁止されていると解釈している。

そして、宗教的意義という場合、当該宗教行為が、**社会的通念上十分に慣習化・習俗化された儀式・行事と認められるもの**は禁止対象とはされないのである。このような解釈を「目的効果論」というが、それによって、例えば地鎮祭の玉串料の公的支出等が認められ、また公共の敷地内の社殿（神社）で特定宗教団体に属さないものが合憲とされてきた。しかるに、当判決において、国家・公共機関による靖国神社・護国神社に対する公的祭祀は、「神道」という特定宗教に対する助成、支持に繋がる宗教行為とされたのである。

国家が国のために戦った戦死者を慰霊顕彰することは、国家の不可欠の機能であり、そのための施設に国家が公的に関与することを憲法違反とする判決は、如何に非武装憲法を持つとはいえ、最高裁は「統治行為論」によって自衛権を認めているのであるから、その立場と矛盾するものといわざるを得ない。それは、この判決が憲法九条に関わるものではなく、二十条の信仰の自由に関わるものであり、従って、自衛権行使に伴い自らの生命を犠牲にした戦死者の慰霊顕彰を国家が行うことを不可能にするその憲法規定は改定されなければならない、ということになる。その解釈が最高裁判所の判決によって確定した以上、その判決を覆すためには、立法府、行政府はもちろん、一般国民有権者としては、それ以外に立憲的、合法的手段はない、それが正論であり、正道である。

従って筆者はこの問題の解決は、憲法第二十条の改正以外に正当な方法はなく、その改憲案も考えた（注）のであるが、本書執筆の過程において、とくに第三・四章の憲法改正路線の検討を通じて、その考えを修正した。つまり、憲法第二十条の規定はとりあえず従来通りのものとして、最高裁判決の変更（二十条の再解釈）を目指す方がより現実的だ、と考えるに至ったのである。

（注）　最高裁判決が、公式の靖国参拝を憲法第二十条第3項違反だというのだから、当該3項の削除を中心に次のように改定するのである。すなわち、傍点部分を削除し、新たに傍線部分を一項追加する。

現行

第二十條　信教の自由は、何人に対してもこれを保障する。いかなる宗教団体も、国から特権を受け、又は政治上の権力を行使してはならない。

2　何人も、宗教上の行為、祝典、儀式又は行事に参加することを強制されない。

3　国及びその機関は、宗教教育その他いかなる宗教的活動もしてはならない。

改正後

第二十條　信教の自由は、何人に対してもこれを保障する。

2　国民の宗教上の信念並びに祈祷・礼拝、儀礼・儀式及びその他の慣習・習俗は、公共の安寧秩序を妨げない限り尊重される。

憲法条文がこのように改正されれば、如何な最高裁といえども宗教行為であることを理由に靖国公式参拝を憲法違反とすることはできないだろう、というわけである。

考えを変えた理由は、右のような憲法改正は、問題点が広範に広がり九条改正に比べて意外に困難だということであり、それは二つの面からいえる。第一は、右の改正後の条文については、細かい語句の是非を除けば大半の支持（憲法改正の発議と国民投票の過半数）を得ることは難しくはないと思われるが、現行規定の削除については、宗教団体の特権や政治的権力行使、宗教行為・儀式等への参加強制、等を容認するのか、国の宗教活動が許されるのか、といった反論が予想される。

実際は、それらを削除しても、わが国の伝統的に確立している慣習によって何ら障害が起こることはないと考えられるが、そもそもこれらの規定は占領軍の日本の宗教に対する誤解、偏見、歪曲等により、例のＷＧＩＰによって日本人の意識にすり込まれたものであり、それを解除するのは、それほど容易なことではない。

憲法二十条改定の困難さの第二の面は、「信教の自由」とは、たんに基本的人権の枠内の問題ではなく、国家と宗教の関係という最も根本的かつ根源的な問題であり、とりわけわが国にとっては、一神教の世界で発展した文明と立憲主義を取り入れてきたことに対する再検討と自己認識《アイデンティティ》に関わる問題である。それをもっぱら当面の違憲判決から脱却する方法手段として論ずることは、問題の本質を歪曲矮小化する恐れがある、ということである。

そこで、最高裁判決を修正させるということであるが、当然ながらそれが行政権を通じて圧力を掛けたり、たんに判事の人事措置をするだけであってはならない。**国と靖国神社との関係を定義・決定する新たな立法を行い、その合憲性を問う**、ということである。

最高裁の違憲判決は、国家が戦死者の慰霊顕彰を行うこと、そのための施設を管理することを違憲としているわけではなく、靖国神社が宗教施設であることを問題にしているのであるから、靖国神社を宗教と関係のない施設に変えるか、又は、慰霊顕彰の役割を別の無宗教の施設に移すことが考えられる。それはしばしば主張され提案されてきたことであるが、先ず大前提としてそれが不可であることを明らかにしなければならない。

周知の通り、靖国神社は戊辰戦争の官軍戦死者の慰霊施設として出発した（東京招魂社）。それが幕府側・反薩長・反政府側の憂国勤王の士の戦死者を排除していることから、種々の批判や異議の申し立てもあり、それには聞くべきものもあると思われるが、それらが未解決問題として残されていたとしても、それによって国のために戦った戦死者を慰霊顕彰する施設としての靖国神社の正統性を妨げ又は否定することにはならない。それは、何よりも存在し継続したその事実によって確認されることだからである。

一方、今日、神道という一宗派に偏っているという批判がなされているのであるが、それは、当時から（今日に至るまで）戦死者を「カミ」として祀ることに誰も違和感を持たず不審にも思うことはなかったという事実、また古来武将・英雄をカミとして祀る伝統を継承するものであることを無視した批判である。伝統と言っても古来の形式と異なるという批判もあるが、近代国家建設自体が古来の伝統からの飛躍であり、予想される対外戦争を控え、国民皆兵の時代を迎えようとしていた時代に、新しい形式が生まれるのは当然である。戦死者を等しくカミ（祭神）とする靖国神社の慰霊形式は、今日流に言えば、「社会的通念上十分に慣習化・習俗化された儀式・行事と認められるもの」だったのである。

問題は、靖国神社が国家管理された「国家神道」であったことにある。

国家神道、すなわち国家による神社の管理は、今日から見れば批判されるべき制度であり、占領軍の神道追放令がなくても、いずれ改廃されることになったであろうと思われる。ただし、それは言われてきたほど宗教・信仰の自由を侵犯したものではなく、まして軍国主義や戦争の原因になったというような問題ではなかった。国家神道に対する歴史的評価は、多面的、多角的に、自由かつ慎重に論じられるべきである。

靖国神社が国家神道であったことが戦前において「憲法違反」すなわち信教の自由の侵害であったとは考えられない。国家、都道府県、市町村、学校その他の団体による靖国神社集団参拝が、たとえそこにある程度の〝強制性〟が認められたとしても、信教の自由の侵犯だと考えた人はいないだろう。すなわち、靖国神社が国家神道であったことによって、十分に慣習化・習俗化された慰霊形式が歪められ変質したり、社会通念から乖離したことはなかったのである。それは英霊が靖国神社の祭神として統合されてきたことの一貫した正当性を意味する。従って、今日、靖国神社を無宗教施設に変えたり、その役割を無宗教の別組織に移管することは、その祭神に対する顕彰慰霊を放棄することに他ならないのである。

靖国神社を軍国主義、侵略戦争推進の組織とする批判が根強くあるが、ここではあえてそれを批判することは控える。ここで明らかにすべきことは、靖国神社に祀られている戦士達が、たとえ侵略の意志を持った軍国主義者であろうと、はたまた共産主義の革命を目指す闘士であったとしても、同じ軍紀に従って国のために戦死した者ならば、すべて同じカミとして祀られるのであり、その靖国神社を軍国主義者、侵略主義者が称揚し、共産主義者が非難攻撃したとしても、それによってその性質に何の影響も及ぼすことはないということである。

以上により、靖国神社は、国家のために戦った戦死者の慰霊顕彰施設として変わらず継承しなければならない、と結論づけられる。従って、過去及び将来にわたって戦死者を慰霊し顕彰することを不可欠とする国家は、今日から将来にわたって靖国神社をそのための施設として維持し、関係を続けなければならない。そこで、それに相応しい靖国神社のあり方、国家と靖国神社の関わり方を、現行憲法二十条に違反しないように定義立法化することが必要であり、そのような立法は、最高裁の第二十条の解釈を再検討することによって十分可能であると考える。そのための要件を考えてみる。

第一、靖国神社のあり方は、主目的が国家の認めた戦死者を慰霊顕彰することであり、主祭神が英霊であること、そして独立した宗教法人であること。要するに、基本的に現状の靖国神社である。

第二、国の関わり方は、国家が認めた戦死者の慰霊顕彰を、靖国神社にいわば委任・委託し、又そのための主たる国家行事を、靖国神社を通じて行うこと、である。

第三に、右の諸要件が憲法第二十条に合致するための基準、解釈基準である。

① 右の靖国神社のあり方は、「国から特権を受け」又は「政治上の権力を行使」することには当たらないこと。

② 公的に又は集団的に行う戦死者慰霊顕彰の儀式・行事に参加することは、公的義務による場合であっても、それは社会的通念として憲法二十条2項の「参加の強制」には相当しないこと。それは、国旗掲揚や国歌斉唱の場合と同様である。

③ 以上の公的儀式、行事又は公人の公的参拝等が、神道形式（二礼二拍一礼、玉串奉奠など）に

則ることとは、「社会的通念上十分に慣習化・習俗化された」ものであり、憲法二十条3項の宗教活動には当たらない、と見なされるべきである。従来の最高裁の「目的効果論」は、もっぱら「土俗的」ともいえる習俗に適用されてきたのであるが、ここでは戦死者慰霊という国家行為に適用できるかどうかが新たな論点となる。占領下憲法がそのような国家行為の必然性を意識していない状況の下で、先の愛媛違憲判決が下されたのであるから、新立法は、その判決を見直す契機となり得るであろう。

第四に、国会又は内閣が新立法の合憲違憲の判断を最高裁に求めるには、そのための手続き法の制定が必要である。憲法の関連規定は次の二条である

第七十七条　最高裁判所は、訴訟に関する手続、弁護士、裁判所の内部規律及び司法事務処理に関する事項について、規則を定める権限を有する。（2・3項略）

第八十一條　最高裁判所は、一切の法律、命令、規則又は処分が憲法に適合するかしないかを決定する権限を有する終審裁判所である。

第八十一条に定める立法の憲法合否の審判を求める明確な手続き規定がなく、それを定める権限は最高裁判所にある。第七十七条は、国権の最高機関である国会が法律で訴訟手続きの一部を定めることを妨げないと解釈できるから、そのための立法を行うべきである。ただし、国会の意向を容れて最

高裁が自らその規則を定めることができるし、その方が望ましいかも知れない。かくて、従来の靖国国家管理法案に見られるように、憲法の枠を如何にくぐり抜けるかといった小手先の弥縫策に頼ることなく、正面から違憲合憲についての判定を求め、天皇陛下の御親拝を含む、靖国神社の公式参拝を実現すべきである。

それでもなお、違憲判決が下されるならば、その時こそ憲法二十条の改廃を急がなければならない。

第六章　「八月革命説」批判

この章では、占領下憲法を適法化する「御託宣」となった「八月革命説」を批判する。その標題からして馬鹿げた「説」であるが、実際にその正体を見極めて否定しなければ、占領下憲法を葬ることは出来ない。昭和二十一年、雑誌『世界文化』五月号の「新憲法特集」に掲載された宮澤俊義「八月革命と國民主權主義」と題する文章の抜粋を読みながら批判してゆくが、それに先だって国民主権について要点を述べる。

第一節　国民主権について

国家権力が、人々（国民）を国家に従わせる（統治・支配する）「力」のことであるとすれば、その力には、人々を強制的に従わせる力と、人々が自らの意思で進んで従おうとする精神作用を促すような力とがあると考えられる。前者は、組織された力・強制力であり、通常、たんに権力（パワー）と呼び、後者のことを権威（オーソリティー）と呼ぶ。

強制力・組織された力とは、それ自体が力であり、その最たるものが軍隊や警察ということになるが、官僚機構などの組織自体もそのような力、権力に含まれる。

一方、権威とは、一応目に見えない抽象的なものであるが、人々を自発的に動かすものであるから、それ自体が力を生み出し、時には自ら力を持つような作用をする。そして組織された力をうまく動かすためには、権威の作用が欠かせないのである。

つまり、権力と権威とは、概念上は区別できるが、実体として完全に切り離すことはできない。右に例示した軍隊や警察、官僚機構なども、それぞれにそれなりの権威をもつものと考えられる。権威と権力を一体化させる働きをするものを法と考えるならば、国家権力とは、権力、権威及び法の三者の統一体とみることができるだろう。

右に、権力と権威を実体として切り離すことはできないと述べたが、権力を代表する政府（内閣）と、権威を代表する君主（王）とが機能分担として分離したものが、西欧における近代立憲君主制である。それに倣《なら》って、非君主国においても、権力を執行する政府の代表（首相）と、主として権威を象徴する元首（大統領など）とを分離する国も現れた。それらの現象を、権力と権威の分離と呼んでいる。この分離は、相互牽制によって権力の暴走を抑止し、また権力の迷走・衰退・崩壊の危険に対処し防止する機能も持っている。

西欧における権力と権威の分離は近代の現象であるが、わが国においては、天皇（朝廷）と幕府の分離として、鎌倉時代に始まり、室町・江戸時代を通じて発展してきた。朝廷は、次第に権力の行使から遠ざかり、一方武家の幕府は権力が増大するとともに、それ自体の権威も高まった。江戸時代には、一時、幕府の権威の方が朝廷の権威を上回るかの状況を呈した。しかし、幕末にいたって、わが国の根本的な権威は朝廷のものであることが明確になったのである。

このように、天皇と幕府という「権威」と「権力」を分離させ、そして一つの国家として統一することができたのは、天皇に国家を超えた文化的・宗教的権威が備わっていること及び、背後に律令という法が継続していたことによると考えられる。

明治以後の天皇制度は、西欧に学んで立憲制を導入し、立憲君主制度となったが、西欧のそれとは異なるユニークなものである。それは右のような歴史的背景を持つからである。

ある国家権力が、境界の明確な一定の地理的範囲＝領土、及びその領土上の住民を中心とする明確に識別された個人＝国民に対して、排他的・独占的にその作用を及ぼす時、その国家権力は、当該国家の主権を有する、という。かくて、近代国民国家は、主権、領土、国民の三要素によって構成されるといわれるのである。

この主権は、本来君主に属するものとされていたが、十七〜八世紀のヨーロッパの市民革命を通じて、国民に属するもの、国民主権という考え方が生まれた（今日では、この「主権」という観念は、国家そのものの分割できない属性であって、国内の「誰に」属するかを問わないのが通説とされている）。

この「主権」という観念が追究されたのは、一六世紀ヨーロッパの特殊宗教戦争（内乱とテロ）からの脱却を意図したことによる。それを最初に提起したのは、フランス人、ジャン・ボダン（一五二九／三〇〜九六）であるとされる。ボダンによれば、「この地上に於いて神の次に偉大な存在は主権者であり、主権者は他の人間に命令を与えるべく神によってその代理者として樹立された存在である」ということである。一七世紀には、トマス・ホッブズが、生存のため万人が万人に対して戦う「自然状態」から脱却するため、互いに協定（契約）して各人の生存のための権利の一部を放棄して、その権利を譲渡した権力（者）に絶対的に服従することを約束することによって「主権」が成立する、と主張した。

いずれにしても、人民は主権者に絶対服従が要求された（これを「絶対的主権論」と呼ぶことにしよう）。

ホッブズの契約論を、主権者と人民との契約論に置き換えたものがジョン・ロック（一六三二〜一七〇四）の思想といえる。すなわち、主権者と人民との契約（信託）によって国家と主権が成立する。そこでは主権者は人民の意思・権利を尊重する義務があり、それに違反したときは、人民の主権者にたいする抵抗権が認められ、場合によって革命も肯定される。ロックの思想は人民主権論の成立に大きな影響を与えたが、ロックにおいて「主権者」は人民以外の何ものかであり、主権が人民に属する、という意味の人民主権論とは一致しない。

人民主権を「主権論」として理論化したのは、フランス人ジャン・ジャック・ルソー（一七一二〜一七七八）である。ルソーの人民主権論は、人民《プープル》（Peuple）が社会契約によってその共通利益（＝公共利益）を共同意思（一般意思）としての法に制定するとき、国家が成立し、人民が主権者となる。つまり、立法権を人民に帰属させることによって人民主権が成立する。ルソーによれば主権（＝一般意思）は分割・委任・代表・譲渡が不可能であり、行政・統治を執行する政府は主権者ではない。ここで確かに、「君主」に替わって人民が主権者となる定義がなされているが、ルソーの主張が、そのまま現実的制度システムとして存在し得るものとは、とても考えられない。ルソーはフランス革命に最も強い影響を与えた思想家といわれるが、革命の過程でその矛盾の解決は二つの道に分かれた。

その第一は、絶対的主権者の圧政・暴政に対して叛乱した人民（大衆）の革命的熱狂と一体化した独裁者（個人又は組織）が人民の主権を代表・代行する、という形である。フランス革命（一七八九〜

九九年）の前半（～九四年）において廃兵院《アンヴァリッド》・バスチューユ監獄襲撃を端緒とする群衆の叛乱、国王処刑要求等の圧力に直面した国民議会が、ルソーの思想に傾倒していたロベスピエール指導下の公安委員会による恐怖政治を導いたのがそれである。これはイングランドのピューリタン革命（一六四〇～九年）のクロムウェルの独裁にも共通するところがあるかも知れない。この道は、後に、プロレタリアートという階級の意思を革命的に代表するボルシェビキの独裁にまで繋がっていく。

第二は、やはりルソーの思想に傾倒していたとされるエマニュエル＝ジョセフ・シェイエス（一七四八～一八三六）は、人民の主権意思は国民議会（第三身分議会）が代表するということにルソーの理論を修正したことである。それによってフランス革命はテルミドール・クーデター以後の後半（九四～九九）まで継続したのであるが、その結果、シェイエスの理論は、事実上ロックの「抵抗権」「革命権」と共通するものとなった。

そこで人民主権論を二つのタイプに分類する。第一は、ルソーの定義する「主権が人民に属する」「主権者は人民の意思を実行する」という意味の人民主権論。これを甲タイプとする。第二は、人民主権を「主権者の正統性・正当性（権威）は人民の信任・信託に由来する」、と再定義して、それを乙タイプとする。ロック、シェイエスの思想は、乙タイプの人民主権論と言うことになる。

人民主権論は、主権者の絶対権力を憲法によって制限する、という考え方、すなわち立憲主義に吸収されていく。ただし、立憲主義の成立にとって、人民主権論が絶対不可欠な訳ではない。「絶対権力」といえども、それが法による統治（支配）を前提とする限り、法の内容において、人民の自然的権利を承認しているのであり、それが直接立憲主義に移行することが可能だからである（以上、人民主権、国民主権の用語・概念を区別せず、主として前者を使用してきたが、ここで、立憲主義の中に組み込まれたものを「国民主権」とし、主権・人民の信託等、その原理的側面を表現するとき「人民主権」ということにしよう）。

国民主権論は、その成立過程から革命イデオロギーと不可分であるが、その観念性・イデオロギー性を除去するならば、その後には、国民に広く平等に与えられた選挙権に基づいて立法府を選挙し、立法府を通じて政府を選出・監視し、又は政府の首長を直接選挙で選ぶ、そういう政治システムが残ることになる。その政治システムとしての機能を、改めて国民主権と再定義し、それを丙タイプとすることができる。その丙タイプの国民主権こそ、今日の民主主義国家の標準的な考え方であり、それは多くの国で革命を経なくとも（一定の前提条件が整えば）、導入可能なシステムである。日本国憲法の国民主権もそれに合致している（以上の甲・乙・丙タイプは、以下の「八月革命説」批判のために筆者が分類したものであり、一般的に通用しているものではない）。

第二節　宮澤「八月革命説」批判

次に、いよいよ宮澤の「八月革命説」を読むことにしよう。以下に、宮澤の文章を記述の順序に従って引用し、筆者のコメントと批判を記すことにする。A、B、C……は、コメントを挿入する切れ目である。

A　宮澤俊義「八月革命と國民主權主義」

去る三月六日に發表せられた政府の憲法改正草案の特色のうちでいちばん重大なものは、いふまでもなく、國民主權主義あるひは人民主權主義である。

日本の政治を民主化し、日本を民主國として再建するために、日本の政治の根本建前として國民主權主義を採用することが必要かどうか、またはそれが望ましいかどうか、については昨年の終戰以來數々の論議がなされた。日本の政治を民主化するためにはどうしても國民主權主義といふ建前を採るべきだといふ見解も相當に有力であつた。しかし、全體から見ると、日本の政治において民主主義を確立するためには必ずしも國民主權主義といふ建前を採る必要はないといふ意見のはうが強かつたやうである。

（中略）

かやうな狀態の下において、さなきだに保守的であり、反動的であると評された幣原內閣がその憲法改正草案において國民主權主義を眞正面に掲げようとは、おそらく誰もが夢にも考へおよばなかつたところであらう。それだけにかねがね政府の保守反動を非難して來た存在の諸政黨もこの點では完全に政府に出しぬかれた狀態である。

（コメント）

この憲法草案が占領軍の起草になるものであり、それを政府案として提出するように強制されたものであることを、一般国民は知る由もなかった――それは言論統制もさることながら、食糧難の生活に追われていた国民にとって、憲法どころではなかったという事情もあった――。しかし、宮澤は、その間の事情を相当詳しく知りうる立場にあったことはいうまでもない。何しろ、あの毎日新聞にスクープされたのは宮澤案に他ならなかったのである。

B

（中略）

今日の政府の憲法改正草案が國民主權主義を眞向から承認してゐることはきはめて明白であると思ふ。

政府案は、おそらく意識的であらう。「國民が主權を有する」といふ類の表現を用ゐてゐない（但し、左の注に記すとおり、採択された憲法では、その表現が用いられている――引用者）。しかし、それにもかかはらず、その原則を根本的に承認してゐることは疑ひを容れない。

たとへば、政府案の前文は、「日本国民は……茲に國民至高意思を宣言し、……此の憲法を制定確立し」云々といつてゐる（引用者注。採択された日本国憲法前文の該当部分は「ここに主権が国民に存することを宣言し、この憲法を確定する」となっている）。これは日本國民が日本の政治の最終の權威者としてその意思によりこの憲法を制定するといふ意味であり、明らかに主權在民の原則を表してゐる。

（中略）また「國民至高意思」は、英譯に the sovereignty of the peoples will とするとほり、國民が主權者だとする趣旨を示している。

（コメント）

「政治の最終の權威者」「國民が主權者」という言葉が出てくるが、やや曖昧な表現ながら、国民主権の甲タイプ（後者）、乙タイプ（前者）を示している、と見ることができる。採択された憲法をみれば、文面においても宮澤のいうとおり、真っ向から国民主権主義を承認していることは明白である。

ここで宮澤が、国民主権を甲タイプ、乙タイプと区分して認識したり、またそのイデオロギー性を除去した丙タイプに思い至ることができなかったのはやむを得ない。何しろ国民主権・人民主権といえば、戦前は天皇主権に対立するもの、わが国では絶対に受け容れ不可能なもの、という考え方が支配的だったからである。

しかし、明治憲法は「天皇主権説」を主張していない。憲法自体にそのような規定がないだけではなく、公認の解釈・解説書にも登場しないとされる。天皇の「大権」という用語は憲法条文に登場するが、その行使は臣下の補弼によることは周知のことであり、補弼者の範囲は規定上不明瞭な部分はあるが、大正時代には、議会の立場が向上し、普通選挙権が実現して民主的運用が確立されつつあった。昭和期に入って民主的傾向が後退し、「軍部独裁」のような状況まで生まれるに至ったが、それは決して天皇大権、ましてや天皇主権がしからしめたものではない。従って、明治憲法をことさらに「天皇主権」と主張する学説に立たない限り、国民主権が登場する余地も必要もなかったのである。それにもかかわらず、占領軍の案に国民主権が公然と姿を現したことが、宮澤を困惑させたに違いない。

宮澤は、戦前から、憲法学者として、立憲主義の一要素に国民主権という思想・概念が存在すること、それが「天皇主権論者」のように一概に排撃すべきものでないこと、ただし、わが国の憲法に導入する必要はないことを、十分に理解していたはずである。しかし、わが国の「国体論者」には立憲主義にたいする偏見が強く、それが美濃部学説（「天皇機関説」）にたいする誤解・無理解による排撃となり、また「国体明徴運動」へと繋がっていくのであるが、反面「立憲主義」の学説も、わが国の国体論を十分に包摂するほどに学問的・理論的に成熟してはいなかったといえる。

そうした中で、「機関説」を支持しつつも師の美濃部が排撃された後は、帝国大学教授として、時流に逆らわず権力に寄り添ってきた。敗戦時には、ポツダム宣言の民主化要求を前に、いちはやく、日本の民主化は明治憲法の下で十分可能であることを表明したが、占領軍が「国民主権」を強要してくるや、新たな立ち位置を定めるべく、当時の学説の水準で理解しうる限り、その導入を正当化しようと決意した。右の書き出しの文章からして、私にはそのようにしか見えない。

C

リンカーンの「人民の、人民による、人民のための政治」といふ民主政治の定義は誰もが知るところである。日本における民主政治もはたして「人民の、人民による、人民のための政治」でなくてはならぬかどうかは昨年の終戦以來しばしば論議せられた。日本の民主政治が「人民による、人民のための政治」でなくてはならぬことはきはめて明瞭で、別に議論はない。問題は日本の民主政治も單なる「人民による、人民のための政治」であるだけでなく、その上に「人民の政治」でなくてはならぬかどうかであつた。多くの人は日本の政治の根本建前はこれが「天皇の政治」であることにあり、従つて日本では「人民の政治」といふ原則は適當でないから、日本の民主政治は「人民による、人民のための政治」ではあるが、しかし、どこまでも「天皇の政治」でなくてはならぬ、と考へたやうである。すなはち、日本における在來の君主主義といふ建前をくづさずにそのままにしておいてその上に民主政治を建設しようといふのが多くの人の考へであつたやうである。

ところが、今日の政府案はリンカンの右の言葉をそつくりそのまま自らのものとし、日本の政治は「人民の、人民による、人民のための政治」であるべきだとしてゐる。すなはち右に引かれたその前文には「日本國民は……茲に國民至高意思を宣言し、國政を以て其の權威は之を國民に承け、其の權力は國民の代表者之を行使し、其の利益は國民之を享有すべき崇高なる信託なりとする基本的原理に則り此の憲法を制定確立し」云々とするが、ここで圏點を附せられた言葉がまさしく「人民の、人民による、人民のための政治」の意味であることは改めてことわるまでもない。

（注）右の宮澤が引用した憲法案前文の、現行憲法における確定記述は次の通り（再掲）。

……ここに主権が国民に存することを宣言し、この憲法を確定する。そもそも国政は、国民の厳粛な信託によるものであって、その権威は国民に由来し、その権力は国民の代表者がこれを行使し、その福利は国民がこれを享受する。

（コメント）

リンカーンの有名なゲティスバーグ演説（一八六三年十一月十九日）のなかの一句

「人民の、人民による、人民のための政治」（以下「人民の……」と書く）

英語原文　government of the people, by the people, for the people

であるが、宮澤がここで述べていることは、単純である。

①「人民の……」は、誰もが知っている「民主政治の定義」である。

②問題は日本の民主主義は「人民の政治」であるべきかどうかである。何故ならば、「人民の政治」は、「天皇の政治」とは対立する・相容れないものだからである。

③憲法案は、「人民の……」を全面的に受け容れている。前文の傍点部分の文章が、「人民の……」の意味である。

問題は「人民の政治」とは、その意味が「人民による」「人民のため」という句ほど明瞭ではないことである。何よりも「人民の政治」は「人民による政治」とどう違うのか、重複しているのではないか、という疑問が生ずる。筆者は学生時代、英文科の友人から、ここの「オブ」は「所有格」ではなく「目的格」である、といわれて、なるほど、と納得した経験がある。すなわち「人民の政府」ではなく「人民に対する政治＝統治」だというのである。

幸い「"government of the people"の解釈について」というそのものズバリの論文（北海道教育大学

旭川分校准教授・野村忠央『英語と英語教育の眺望　２０１０年』日本英語英文学会二〇周年刊行物所収。以下「野村論文」という）があるので、その中から代表的な解釈（日本語訳文）を抜粋し、オブ（of）の意味（①「目的格」②「所有格」③「由来」）ごとに分類して掲げる（煩わしい文法理論の説明及び各解釈の出典は省略する）。

①「目的格」

イ　人民のために人民自ら人民を治めるという政治

ロ　国民自身によって、国民自身のために、国民を統治する政体

国民自身による、国民のための国民統治

②「所有格」

ハ　わが国の政治は、国民が権力を所有し、国民自らが権力を行使し、国民自らが利益を享受する政治

③「由来」

ニ「人民の合意の上で出来た」（又は）「人民の間から生まれた」政治。

ホ　そもそも国政は、国民の厳粛な信託によるものであつて、その権威は国民に由来し、その権力は国民の代表者がこれを行使し、その福利は国民がこれを享受する。

（なんとこの**ホ**は、日本国憲法前文である！）

以上、概観して分かることは、**イ**～**ホ**、それぞれ文法的な根拠があり、民主主義についての特徴的な主張を表現する、それぞれがそれなりの正当性があるといえる。つまり、「人民の……」は、固定

した唯一の意味を決定できるものではなく、多義的な解釈の余地のあるフレーズである。それは、リンカーンのゲティスバーグ演説という北軍の政治的勝利を見据えたプロパガンダの中で発せられたフレーズであることから当然のことである。すなわち、「国民主権」の厳密な理論的「定義」として適当ではなく、先の①「人民の……」は、誰もが知っている「民主政治の定義」という命題自体が怪しいのである。③が、憲法案が「人民の……」を全面的に受け容れている、といっても、それは数ある解釈の一つホに過ぎない。蛇足的になるが、要約してみるならば、

仮に、「人民の……」が「天皇の、人民による、人民のための政治」と対立すると言っても、その実質的な意味は曖昧・不明である。「天皇の、天皇による、人民のための政治」ならば、確かにシステム上相容れない対立となろうが（それが戦前の日本の政治でないことは宮澤自身が認めている）、それでも死活的対立とはなるまい。「……天皇のための政治」となった時、はじめて根本的に相容れない対立になるが、それこそまさに架空の対立である。結局、宮澤のここで論じたことは、堂々巡りの俗論に過ぎないのである。

D

（中略）

政府案がその根本建前として承認しようとしている國民主權主義は、いふまでもなく、それまでの日本の政治の根本建前とは全く性格を異にするものと考へなくてはならぬ。

國民主權主義といふものは必ずしも在來の日本の政治の根本建前と矛盾するものではないといふ見解もあるやうである。また、日本の政治の根本建前は本来國民主權主義的なものであつたといふ見解もあるらしい。しかし、國の政治上の權威が君主とか、貴族とかいふものではなく、一般人民にその最終的根據を有するといふ意味の國民主權主義が從來の日本の政治の根本建前であつたと解することも、またそれが從來の日本の政治の根本建前と少しも矛盾しないと考へることも理論的にはどうしても、無理である。國民主權主義といふ以上は、天皇の權威の根據も終局的には人民であると考へなくてはならず、その結果として天皇制の存否は終局的には人民の意思に依存するといはなくてはならぬが、從來の日本において、天皇の權威が人民にあるといふ根本建前が採られてゐたと見るのは明白に事実に反するであらう。

（コメント）

ここからいよいよ宮澤の理論的こじつけが始まる。

「國民主權主義は、それまでの日本の政治の根本建前とは全く性格を異にする」と何故そう言えるのか、「いふまでもなく」といわれても、ここで引用した文章の範囲では理解できない。Cで「人民の政治」が「天皇の政治」と対立し相容れないものということが証明されていれば「いふまでもなく」明らかになるかもしれないのだが……。

「国の政治上の権威が、一般人民にその根拠を有する」とはどういうことであろうか。先に述べた、一般人民（国民）が自発的に国（の政治）に従うような精神作用を促す力、という定義に従えば、それは一般人民自身の力ということになって、国家権力の一側面として人民（国民）の外に存在する「なにものか」ではないことになる。乙タイプの人民主権論によれば、人民の意思（信託）が「主権者」に正当性を与え、それは権威の一つの根拠ではあるが、信託されるべき主権者自身に、その固有の権威が必要である。

国民が自分自身の力を自分自身で行うという理念（先のCのコメントにおけるイ・ロ・ハの表現にみられるものなど）に対する強い信念が、国民をして自発的に統治に関わらせるという意味で、一つの権威を形作ることとは考えられる（先のホに見るとおり、「その権威は国民に由来し」と、日本国憲法にも、そう書いてある。ただし、権威の「最終的・終局的根拠」なる用語はどこにも記述されていない）。つまり、国民主権主義自体が一つの権威の根拠になり得るわけである。それでは、なぜ、国民主権主義の下で立憲君主制が生まれるのか。それは、国民主権主義を権威とみなしたとしても、それだけでは国民が自発的に国家に従う精神作用を高めるには足りないから、ということになるのではないか。

立憲君主国、例えばスペインの憲法には、「権力は国民に発する」といった規定が見られる。これは、権威は君主（国王）から、権力は国民から、という意味に受け取れる（先のホの一節「その権力は国民の代表者がこれを行使し」という表現を「権力は国民から」という意味に解釈することもできるだろう）。そこに立憲君主制の存在する意味がある、と考えるのは自然な道理である。

では、選挙で選ばれる象徴的元首（大統領）の場合はどうか。この場合も、国民自身の中から湧き出る権威が外形化したものとはいえない。大統領となる個人の優れた人格（それは一般国民と異なる素質や育ち、努力や能力によって形成される）が、権威を生み出すのである（それは象徴的元首のみならず、米国大統領などにも当然当てはまることである）。

ただし、君主にせよ大統領にせよ、人民がより強く支持し従うことが、その権威を高めるものであることを否定しない。その現象が、権威が人民に由来する・人民が権威の根源である、という幻想を生むのである。

以上により、「天皇の権威が人民にあるといふ根本建前」「天皇制の存否は終局的には人民の意思に依存する」等の断定は、表面的一面的な表現であり、「権威」についての考え方として無理だということが分かる。本当にそのとおりならば、天皇という権威は不要なはずだからである。

要するに、戦前の天皇制度を、以上のような立憲君主制と捉えるならば、それが必ずしも国民主権と、——ただし、それを国民主権主義などとイデオロギー的に構えさえしなければ——根本的に矛盾するとは限らない、と考えられるのであるが。

E

在來の日本の政治の根本建前は、一言でいへば、政治的權威は終局的に神に由来するとするものであつた。これを神權主義と呼ぶことができよう。憲法は大日本帝國は萬世一系の天皇が統治し給ふと定めてゐる。ところで、その天皇の權威はいつたいどこから來るかといへば、それは神意から來ると考へられてゐた。具體的にいへば、天孫降臨の神勅がその根據だとせられた。天皇の権威はここに由来した。天皇は神の御裔《みすえ》として、また御自身現御神《あきつみかみ》として日本を統治し給ふのだとせられてゐた。

（コメント）

ここからが、宮澤先生の大嘘の始まりである。

明治憲法は、神権主義に立っていない。神権主義を積極的に否定しているとは断定しないが、神権主義に陥ることを極力避けていることは間違いない。明治憲法を起草した井上毅《こわし》は、特にその点は気を遣ったといわれる。勅令など公式文書に皇祖皇宗というとき、皇祖とは、天照大神《あまてらすおおみかみ》ではなく、初代神武天皇であるとすることにこだわったという。

天皇の祖先が天照大神であるという神話・信仰があることは事実であるが、それはあくまでも神話・信仰であって、その解釈はまちまちであり、その対立に国家が関与し巻き込まれるのを避けたのである（ただし、かかる神話信仰を認めたとしても、それが必ずしも神権主義を意味しない）。事実、明治憲法のどこにも神懸かったところはない（天皇は神聖にして侵すべからず、というのは天皇の神性を意味しないことを、宮澤は百も承知している）。神懸かった解釈をした憲法学者はいたかもしれないが、それは決して正当な憲法解釈ではなかった。宮澤の支持していた（はずの）美濃部天皇機関説は、神懸かり解釈の否定の上に立つものであった。

天皇の権威が神話に由来することは明らかであるが、それを、ヨーロッパにおける王権が、人民と対立抗争しながら、その専制の正当性の根拠としていた「神授説」と同一視する「神権主義」と捉えること自体が根本的な誤りなのである。前節で述べたとおり、わが国では朝廷と幕府という形で権威と権力の分離が進み、天皇は権力の行使から遠ざかっていた。幕府権力を打倒し、王政復古を遂げたときも、万機公論に決すことを五ヶ条の御誓文の筆頭に掲げ、その権力の基礎を「公論・民意」におくことを表明しており、たとえ、天皇の権威の源泉として、神話や神勅の意義が強調されることがあっても、人民の意思に対抗する「神権主義」などではあり得なかったのである。

神意・神勅に基づくというが、神話に連なる時代の王権は、どんな王権であれ、すべて始まる時はその祖先である神々から、地上で永遠に支配を続けるように、との言葉（神勅）が与えられるだろう。だからといって、すべての王権が永続するわけではない。大部分の王権は「神勅」に反して短命である。わが国の皇統は、記紀編纂の時代にすでに四十代に達する、当時東アジアに現存した国の中で異例に永い王権である（神話の年代によれば千三百年を超えている）。

その実績が、天照大神の皇孫《こうそん》に対する言依《ことよ》せ（委任・命令）の価値と意義を高め、日本書紀では漢文の天壌無窮《てんじょうむきゅう》の詔勅として権威づけられたのである。当時はなお、神勅の威厳は強く感じられたであろうが、次第に神話時代から遠ざかり、政治の世俗化が進むほど、皇統の継続・継承の事実の重みが、神勅の威厳よりも大きくなっていった。皇統の継続・継承の威儀は誰しも実感したが、神勅は時々思い起こす程度のものになっていったのだ。

況《いわ》んや、百二十二代（明治天皇）にも達している近代に於《おい》てをや。神権主義のように見えたのは、一部少数の声高な神権主義的主張と、昭和の一時期の時代的雰囲気によるものに過ぎない。

F

勿論君民一體とも、君民同治ともしばしばいはれた（もつともこの過去數年間はさういふ表現を用ゐるときつと反國體的だといふので叱られるのが例であつた）。義は君臣にして情は父子ともいはれた。天皇はその統治にあたつてあくまで民意を尊重すべきものとせられ、またその統治は多数國民の輔翼によつてなさるべきものともせられた。しかし、これにもかかはらず、天皇の統治の權威そのものは民意に由來するものとはせられなかつた。天皇の統治の權威の根據は民意とは全く關係のない神意に求められた。

かやうな根本建前――神權主義――が國民主權主義と全く性格を異にするものであることは明瞭である。

國民主權主義は政治的權威の根據としての神といふものをみとめない。それは政治から神を追放したところにその位置を占める。そこでは「民の聲は神の聲」といはれるから、あるひはそこでは國民が政治から神を追放して自らこれに依つたのだといつてもいゝかも知れない。そこでは國民が政治の最終の根據である。

勿論、國民主權主義が當然に君主制を、從つて日本でいへば、天皇制を否定するとはかぎらない。そこで君主制・天皇制をみとめることは十分可能である。その君主が相當に權力を與へられることも決して不可能ではない。しかし、その場合でもその君主・天皇の權威は國民に由来するとせられるのであるから、國民の意思によつて、君主自身の意志に反しても、君主制そのものが全く合法的に變革乃至廃止せしめられる理論的可能性がつねに存する、といふ點で神權主義にもとづく君主制と全くその性格を異にすることが注意せらるべきである。

（コメント）

「君民一体」「君民同治」などと表現すると叱られたというのは、帝大教授としてはまことに気概に欠ける言葉だが、宮澤自身が、そのように表現して叱られた体験があるのだろう。すなわち「君民一体」「君民同治」という考えを抱いており、天皇の権威が神権による、などと信じていなかった証拠である。

天皇の統治は多数国民の補翼によってなされるべきものとされながら、天皇の統治の「権威」は民意に由来する、とされなかった、というが、当然ではないか。天皇の権威が民意に由来するものならば、君主制の意味がない。歴史と文化、伝統の中で、一般の人民と異なる権威を形成してきたから、君主としての存在価値がある。つまり、天皇の権威は歴史・文化・伝統に由来するのであって、神勅なるものも、その歴史・文化・伝統の一部を構成するものと見ることができる。

次に、憲法改正案が「国民主権主義」を採用したにもかかわらず、天皇制度を廃止していないことが、後に提出する「八月革命説」の妨げにならないように、国民主権主義が君主制と必ずしも矛盾するものではないことを述べている。では、どのような君主制ならば、国民主権主義と矛盾しないのか。それは、第一に、君主の権威が国民に由来するとされることであるが、その考え方が無理であることは右に述べたとおりである。しかし、権威は国王に属し、権力は国民に発する、という関係を、君主、国民の双方が互いに認めれば、国民主権と君主制とは両立する。この場合の国民主権には、先の甲タイプの考え方は当然除外されることはいうまでもないが、さりとて、憲法に乙タイプ・丙タイプの国民主権（その内容）を明記しながら、歴史・文化・伝統に由来する君主の権威を明らかにしなければ、君主制と「国民主権」との正常な関係は成り立たない。

第二に、君主制の変革ないし廃止が合法的にできる理論的可能性がある、ということである。国民が君主の権威を認めなくなったとき、憲法に君主制の廃止が可能であるように規定されているか、または自らの権威が通用しなくなったことを認めた君主が潔く引き下がれば、合法的に君主制は廃止される。西欧の立憲君主制の憲法は、およそそのようになっている。憲法＝国民（国会）の意思によって王朝・王位継承者が選択されるシステムである。占領下憲法は、天皇制度を西欧型君主制にするため、天皇の「地位」を、主権を有する国民の総意に基づくものと規定したのであるが、そのような小細工は、天皇制度と「国民主権」との共存にとって決して必要不可欠でもなければ望ましいことでもない。

国民主権主義は政治的権威の根拠として神を認めない、それは政治から神を追放したところにその位置を占めている、というのも怪しい理論である。アメリカ大統領が聖書に手を置いて就任の宣誓をするのは有名なことだが、ロックにしても、神によって神に似せて作られた人間にして主権者と契約できるものと考えていたのである。又、先に見たリンカーンの「人民の……」が発せられたゲティスバーグ演説においては、同時に「神の下に新しい自由を」という文言も登場するのである。

G

（中略）

このたびの政府の憲法改正草案はかやうな日本の政治の根本建前の變革――神權主義から國民主權主義への變革――を憲法に明文化しようとするものであるが、さういふ變革を通常の「憲法改正」の形で行ふことがそもそも憲法上許されることであるかどうか。これは憲法上きはめて重大な問題である。

現行憲法は憲法改正の手續を定めてゐる。從つて、その條章を改正し、または增補することはそこに定められた手續によつて可能なわけであるが、そこに定められた手續を以てすればどのやうな內容の改正も可能かといふと、決してさうではない。憲法そのものの前提ともなり、根柢ともなつてゐる根本建前といふものは、さうした改正手續によつて改正せられ得るかぎりでない。さうした改正手續そのものがその根本建前によつて、その效力の基礎を與へられてゐるのであるから、その手續でその建前を改正するといふことは論理的にいつても不能とせられざるを得ないのである。

日本憲法についていへば、天皇が神意にもとづいて日本を統治し給ふとする原則は日本政治の根本建前であり、憲法自體もその建前を前提とし根柢としてゐたと考へられる。從つて、その憲法の定める改正手續でその根本建前を變更するといふのは論理的な自殺を意味し、法律的不能だとせられなくてはならぬ。すなはち、天皇が神意にもとづいて日本を統治し給ふといふ原則は憲法に定める憲法改正手續を以てしては變更するなどできない、といふのが多くの憲法學者の一致した意見であつた。

それならば、このたびの政府の改正案が憲法の定める憲法改正手續によつて神權主義を廢して國民主權主義を定めようとしてゐるのは法律的に許されることであらうか。この點を問題にしなくてはならぬ。

（コメント）

明治憲法において、天皇制度を合法的に廃止することが不可能なことは明らかである。天皇制度が神権主義であろうと否とに関わりなく、明治憲法は天皇の「統治」を前提に成立しており、改正手続きもそれを前提にして規定されているからである。しかし、そのあり方を合法的に変革することは、それなりの手続きによって可能である。正当な手続きを重ねるならば、「国民主権」を明記することも――その明記が望まれるべきことであるかどうかは別であるが――決して不可能なことではない。何しろ、宮澤先生も認めるとおり、天皇の政治は「人民による、人民のための政治」でなければならない、と考えられているのである。

しかし、宮澤先生は、天皇の権威は、神権に由来するから、それを人為によって変更することはできない、と主張せられているようであるから（「ようである」と曖昧ないい方をしたのは、先生の主張自体が、その言葉はともかく、内容において――以上の説明及び後述する通り――、曖昧だからである）明治憲法が神権主義に立つものでないことはすでに述べたのであるが、しばらくは、それを措いて論を進めることにしよう。

先ず、宮澤先生の言葉にとらわれず考えてみる。もし天皇の統治権が正真正銘神から与えられたものであるならば、憲法に天皇の統治権は神権に由来せず、という趣旨の規定を入れることはできない。それは、正真正銘天皇の統治権が神から与えられている、という現実と相容れないからである。まさか実際に神から統治権を与えられている現実などあり得ないと考えるなら、皇室も人民もすべて（少なくともその大半）が、天皇の統治権は神から与えられたものと確信しており、その考えに寸毫の疑いも持っていない状態とみなしても同じである。

けれども神権主義なるものが、この後者の場合ならば――まず実際問題として、そのように見なして差し支えないであろう――、時代が進み人々の考え方が変われば、その状態も緩み、神権主義を否定する規定を憲法に書き入れることができる状態になるかもしれない。つまり、神権主義なるものが改正を許されないものであるかどうかは、時代と社会情勢、人々の意識次第、ということになる。

ところで宮澤先生は、神権主義を、日本政治の「根本建前」といわれてきたのである。すなわち「在來の日本の政治の根本建前は、一言でいへば、政治的權威は終局的に神に由来するとするものであつた」（E）、「かやうな根本建前――神權主義」（F）、「政治の根本建前の變革――神權主義から国民主權主義への變革」（G）等である。それが「建前」であるならば、客観的原理・現実といったものではなく、人々の間の了解事項、天皇の統治権は、神権によって与えられたもの、ということでお互いに了解しよう、といった程度のものである。

とすれば、先にみた神権主義に寸毫の疑いもなかった場合よりも、時代の変遷の影響を受けやすいであろうから、時代と社会情勢によっては、神権主義の否定は、憲法の改正手続きによって可能である、ということになる（蛇足ながら、以上の議論は、「神権主義」なるものも憲法の規定に依っている場合のことである。王権が超憲法的存在で神権主義に基づき専制政治に固執するならば、革命的変革は避けられないであろう。明治憲法には「神権主義」の規定もないのだから、右の「神権主義の改正が許される」という議論は、あくまでも架空のものであることはいうまでもない）。

そもそも宮澤先生は「国民主権主義」をも建前と言っているのであるから、それは「国の主権は国民にある（主権在民）」「国の権威は国民に由来する」ということで了解しよう、という程度のことであり、たとえそれが「神権主義」と相容れないとしても、建前＝了解事項を変えるだけのことならば、さして深刻な議論も必要なく、「八月革命説」など論ずるまでもなくなってしまう。というわけで、ここまで「建前」と云う言葉の曖昧さは不問にしてきたのである。

ところが、である。ここに来て、宮澤先生は、「天皇が神意にもとづいて日本を統治し給ふとする原則」が日本政治の根本建前であり、「天皇が神意にもとづいて日本を統治し給ふといふ原則」は憲法の改正手続きでは変更できない、と突如「原則」と云う言葉を使用されたのである。先に根本建前は、具体的に天孫降臨の詔勅を統治の根拠とすること、といわれていたものが、「神意に基づく統治」という原則に置き換えられているのである。これは一体どういうことか。統治の原則、ということになれば、統治権行使の原則であり、すなわち統治権の行使に当たっては、神意を伺ってそれを行う、ということであろう。
しかしながら、明治憲法に規定する、天皇の統治権の行使（総攬）の原則は、「この憲法の条規によりこれを行う」（第四条）、ということであって、どこにも神意に基づくとは書かれていないのだ。宮澤先生は、何故かくも簡単に底の割れるような条文無視をしてまで、建前を原則に言いかえたのだろうか。それは、天皇統治の「権威」が神勅に由来する、という建前ではとても「神権主義」などと大袈裟に主張しきれないと感じたからではなかろうか。まさに蜃気楼のような「神権説」であることが分かる。

H

私は政府案がかやうな變更を定めようとすることは憲法改正手續によつて可能だと考へている。しかしそれは決して形式上憲法の定める改正手續によりさへすればどのやうな内容の改正も可能だといふ意味ではない。さういふ改正を現行憲法として普通では許されないのであるが、現行の事態の下においてはまさにそれが許されるといふのである。（中略）
昨年の八月、日本は刀折れ矢盡きて敵陣に降伏し、ポツダム宣言を受諾した。その宣言の中に「日本の最終的な政治形態は自由に表明せられた人民の意思にもとづいて決せられる」といふ趣旨の言葉がある。ここに注目する必要がある。
この言葉はいつたい何を意味するであらうか。いふまでもなく、日本の政治の最終的な権威が人民の意思にあることを意味する。日本の最終的な政治形態の決定権を人民がもつといふのはむろんかやうな意味である。ほかの言葉でいへば、人民が主権者だといふ意味である。そして、その言葉を日本はそのまま衆議し、とつてもつて日本の政治の根本建前とすることを約したのである。（中略）

日本は敗戦によつてそれまでの神権主義を棄てて國民主権主義を採ることに改めたのである。かやうな改革はもとより日本政府が合法的に爲し得るかぎりではない。天皇の意思を以てしても合法的には爲し得ぬ筈である。従つて、この變革は、憲法上からいへば、ひとつの革命だといはなくてはならぬ。勿論、まづまづ平穏裡に行はれた變革である。しかし、憲法の豫想する範圍内にいてその定める改正手續によつて爲されることのできぬ改革であるという意味で、それは憲法的には、革命を以て目すべきものであるとおもふ。

終戰によつて、つまり、ひとつの革命が行はれたのである。（中略）

ここで日本の政治は神から解放せられた。あるひは神が――といふよりはむしろ神々が――日本の政治から追放せられたといつてもよからう。日本の政治はいはば神の政治から人の政治へ、民の政治へと變つたのである。

この革命によつて天皇制は必ずしも廢止せられなかつた。（中略）天皇制を維持されたが、その根柢は根本的に變はつてしまつた。（中略）日本の政治が神の政治から民の政治に變つたのと照應して、天皇も神の天皇から民の天皇に變つたのである。

（コメント）

いよいよ「八月革命説」の登場である。ポツダム宣言の受諾が革命でないことは、いわずとも明らかだ、との気持を堪《こら》えて、宮澤先生の言うところを具体的に検討しよう。

第一に、「日本の最終的な政治形態は自由に表明せられた人民の意思にもとづいて決せられる」ということが、「いふまでもなく、日本の政治の最終的な権威が人民の意思にあること」を意味し、「ほかの言葉でいへば、人民が主権者だといふ意味」である、ということが正しいであろうか。「政治の最終的な権威が人民の意思にある」すなわち「人民が主権者だ」、という思想に基づく政治形態が存在することは、「人民主権論」で論じられてきたことである。それでは、「自由に表明せられた人民の意思」の選択する政治形態が、必ず人民主権論に基づくものである、と云えるであろうか。宮澤先生の言われる「神権主義」の天皇制を日本人民が自由な意思で支持し選択することは十分あり得るのではないか？　反対に、天皇制度が「神権主義」で人民の意思とそれほどに対立するものであったならば、人民は「自由にその意思を表明すること」を占領軍によって許され、保障されるのであるから、天皇制打倒の革命的行動を起こすことも可能である。

事実、米国内の意見・利害の対立を調整・妥協して起草され、しかし日の眼を見ることのなかった占領文書案には、日本人民の革命的行動＝叛乱が起きたならば、占領軍は自らに危険が及ばない限り、それを鎮圧せず・容認すべきである、との趣旨の文言が、しばしば記されている。にもかかわらず、戦前から天皇制打倒を主張し続け、治安維持法違反で刑務所に拘留されていた共産主義者たちが、占領軍の手によって釈放された後においても、天皇制度を打倒する革命行動は、その気配さえみられなかったのである。

ポツダム宣言受諾に際して、日本政府は、天皇大権の廃止を求めるものではないと解釈する、という条件を付けた。それに対して連合国が「日本の最終的な政治形態は自由に表明せられた人民の意思にもとづいて決せられる」と回答した（バーンズ回答）。その回答に接してなお、政府内には国体護持についての不安があったが、昭和天皇は迷われることなく「聖断」を下された。

「自由に表明せられた人民の意思」、それで良いではないか、と他ならぬ昭和天皇御自身が言われたことは、今日周《あまね》く知られている。陛下がこの言葉が革命を意味するなどと些かもお考えになられなかったことは言うまでもない。それは、御自身の統治権の行使が国民の強い信頼の上に立っていることを確信されていたからであり、それは同時に天皇大権が決して「神権」によるものではないことの何よりの証拠といえるであろう。

第二に、ポツダム宣言受諾は革命なのか、という問題は、右の第一によってすでに明らかである。ポツダム宣言は、日本人民による革命を許容する意思を潜《ひそ》めていたが、革命は起きなかった。全く自明なことである。

そもそも、自国民の決起が全くないにもかかわらず、他国軍による占領と押しつけ憲法の受け容れを「革命」と称するとは、それ以上の恥辱はないことを自覚すべきである。それを、イギリス人がジェームズ二世の統治を打倒する革命（一六八八年、通称「名誉革命」）に、外国軍（オランダ）の力を借りた場合と対比してみよう。①、オランダ軍の遠征は、イギリス（反ジェイムズ二世派貴族及びイングランド議会）の要請によるものであり、イギリスとオランダとの戦争でイギリスが敗北したというものではない。②、オランダ軍は上陸後、イギリス人の広範な支持を受け、イングランドに革命的状況が現出した。③、革命の結果は、カソリックの抑圧と国教会の確立、権利の章典の発布など、完全にイギリス自身の課題を解決するものであった。④、勝利したウィリアム三世はイングランドの統治者となったが、それは、王位継承権保持者の妻メアリ二世との共同統治者としてであり（メアリ二世没後は単独統治者となった）、その王権は、イングランド議会の統制下にあった。以上にもかかわらず、イギリス人は、外国軍の力を借りたことを恥じて、あたかもそれを隠すかのように「名誉革命」の名を冠しているのである。

第三に、ポツダム宣言受諾により、神の政治から人の政治へ、民の政治へと変わったと云えるであろうか。それは、もともと神の政治が存在したわけではないから、成り立たない問いであるが、軍部中心の政治が文民の政治に移ったという意味では、民の政治になったといえるであろう。ただそれは、ポツダム宣言の要求に関係なく、占領軍が余計なことをするまでもなく、憲法に従って当然になされた変化であった。

—

（中略）この八月革命はいはゆる「國體」の變革を意味するであらうか。

この問ひに對する答へは「國體」の名の下に何を理解するかによつて異つて來る。もし「國體」の下に天皇が神意にもとづいて日本を統治せられるといふ神權主義的天皇制を理解するならば、さういふ「國體」は八月革命によつて消滅してしまつたといはなくてはならぬ。（中略）日本政府は降伏の申入れに際して、天皇の大權に關する希望を附し、それによつて「國體を護持」しようと企圖した。しかるに、それに對する聯合國の回答にはこの條件を承認する旨の言葉は見出されなかつた。そこで軍部大臣はじめ抗戰論者は「これでは國體を護持し得たことにならぬ」といつて抗戰を主張したさうであるが、もし「國體」の下にそれまでのやうな神權主義的天皇制を理解するとすれば、彼らが聯合國の「かやうな回答では國體を護持し得たことにならぬ」といつたのはきはめて正しいのであり、それでも國體を護持し得たと解していいといふ政府の解釋は、實際政治の觀點からはともかく、理論的には誤つてゐると評せざるを得ぬ。「國體」の下に天皇制を理解するとすれば、八月革命は廢止されはしなかつたのであるから、そこで「國體」は変革されなかつたといふことができる。しかし、この場合でも天皇制の根柢が神權主義から國民主權主義に變つたこと、從つて天皇制の性格がそこで根本的な変化を經驗してゐることは注意せらるべきである。

この意味の「國體」はかやうに八月革命で變革されはしなかつたが、だからといつて必ずしもそこでその意味の「國體」が護持されたといふことにならぬことは、常ながら、注意せられていいであらう。それは天皇制の根據がそこで神權主義から國民主權主義に變つたことと關聯する。

なるほど聯合國は天皇制の廢止を要求しなかつた。しかし、神權主義が否定せられ、國民主權主義がみとめられた結果として天皇制が根柢も人民の意思にあるとせられることになつたから、人民の意思如何によつては天皇制も廢止せられる可能性が與へられたわけである。天皇制の根據たる神の意思は永劫不變のものとせられたが、國民の意思は決して不變のものではないからである。

（コメント）

ポツダム宣言が、国体の維持を保障しているか否かの問題はあるにしても、その受諾を認めたことが即時に国体変革を意味しないことは（それ自体が革命でないのと同様に）明らかなことである。国体が変革されたのは、占領後の諸変革、なかんずく憲法押しつけによってなのであり、憲法草案が幣原内閣から提案された段階で、すでに国体が変革済みであるかのように論ずることはトリックである。つまり、トリックによって、「八月革命」が既成事実であると錯覚させようとしているのである。

国体の変革を、「神権主義」の排除・払拭の問題であるとすることが欺瞞であり、問題のすり替えであることは、もはや指摘するまでもないであろう。

押しつけ憲法によって、国体が全く変わらなかったのか、完全に破壊されたのか、といった二者択一の議論は不毛で無意味なものである。その意味では、宮澤のここで述べていることに、それなりの正当性を認められよう。国体とは、憲法典の前提となる、歴史的に形成された国家の根本的なあり方のことであって、わが国の国体において、天皇統治が本質的な特徴であるからといって、「象徴天皇」の存続をもって国体に何の変更もなかった、とはいえない。

むしろ、国体に重大な毀損が加えられ、修復・再建されるか否かの境界上を、押したり押されたりしながら歩んできたのが、戦後の歴史であるというべきであろう。ポツダム宣言受諾に際しては、先に見たとおり、将来の再建の可能性を信じ、それに賭けていたものとみるべきである。「人民の意思如何によっては天皇制も廃止せられる可能性」について言及しているが、それは、占領下憲法が、天皇制度をヨーロッパの王権と同質のものとみなす軽薄な国体観に立っていることを意味するのである。

J

（中略）今年元旦の詔書で天皇は御自身現御神でない旨を言明せられ、自らの神性乃至神格を否定せられた。このことも右にのべられた八月革命を前提としてのみ理解できる。そこで神権主義が否定せられたから、かやうな詔書が發せられたのである。もし、八月革命がなかつたとしたら、かやうな詔書は到底發せられ得ぬ筈である。

（コメント）

昭和二十一年元旦の詔書（新日本建設に関する詔書）は、天皇の「人間宣言」といわれているが、そこには、昭和天皇が「自らの神性乃至神格を否定せられた」文言は書かれていない。マスメディアが一方的に「人間宣言」と名づけ、天皇が自ら神格を否定せられたものと喧伝したのである。

もとより昭和天皇は「神格化否定」自体にはご異存なく、さりとて御自身の「宣言」が、過去に天皇本来の高貴性の尊重が「天皇神格化」であったかのように公認する結果となることは避けねばならなかった。そのような複雑微妙で難しい状況を、宮澤自身は大筋においてよく認識していたはずである。しかし「八月革命説」において——自らの変節を隠蔽し、合理化するために——戦前の天皇制度を「神権主義」と決めつける根拠として、世の中の「神格否定」「人間宣言」という誤認を最大限に利用したのである。

「新日本建設に関する詔書」が果たして天皇の「神格否定」「人間宣言」というものなのか、改めてここで検証することにしよう。

まず、この詔書の問題部分を掲げる。

> 然レドモ朕ハ爾等《なんじら》國民ト共ニ在リ、常ニ利害ヲ同ジウシ休戚《きゅうせき》（＝喜びと悲しみ。）ヲ分《わか》タント欲ス。
> **朕ト爾等國民トノ間ノ紐帯《ちゅうたい》ハ、終始相互ノ信頼ト敬愛トニ依リテ結バレ、單ナル神話ト傳説トニ依リテ生ゼルモノニ非ズ。天皇ヲ以テ現《あきつ》御神《みかみ》トシ、且日本國民ヲ以テ他ノ民族ニ優越セル民族ニシテ、延テ世界ヲ支配スベキ運命ヲ有ストノ架空ナル觀念ニ基クモノニモ非ズ。**

次に、右のゴチック体の部分の解釈に踏みこむことにする。

天皇と国民の関係（紐帯）が「終止相互の信頼と敬愛に基づく」というのは、全くそのとおりであり、

「単なる神話と伝説によるものに非ず」というのも、その意味を強調する句であって、神話と伝説の意義を否定する趣旨のものではないことは明らかである。続く「天皇ヲ以テ」以下が、「人間宣言」といわれるものである。

ここで、この部分の構文を要約すると次のようになる。

Ｉａ　天皇と国民の紐帯（関係）は、相互の信頼と敬愛によって結ばれ、
Ｉｂ　　　　　　　　　　　　　　単なる神話と伝説に基づくものではない。
Ⅱ　（それは）　　　　　　　　　天皇を現御神とし、かつ
　　　　　　　　　　　　　　　　□□……□□との架空観念に基づくものでもない。

ここの文章の趣旨は、右のＩａに尽きるのであって、Ｉｂは、それを補足するものであり、Ⅱの文章は、そのＩｂの文章をさらに敷衍（趣旨を別の言葉で広く分かり易く展開すること。）又は補強する、という構造になっている。そのⅡの文章のなかで、天皇の神格否定・人間宣言といわれるものが表現されているということなのであるが……。

Ｉの文章が簡明なのに対して、Ⅱは、「且」「にして」「延いて」等の解釈によって文章の区切りが異なり、やや難解である。

まず、幣原喜重郎起草の〝原文〟とされている英文をみていくことにする。

Ｉａ　The ties between Us and Our people have always stood upon mutual trust and affection.
Ｉｂ　They do not depend upon mere legends and myths.

Ⅱ　They are not predicated on the false conception
that the Emperor is divine, and
that the Japanese people are superior to other races and fated to rule the world.

右のⅡを要約的に和訳するならば、

(天皇と国民の紐帯は、)

天皇が「神性を有し」

かつ日本国民が「他民族に優越する民族であり」

「世界を支配する運命にある」

という虚偽の観念に基づくものではない。

この解釈によれば、天皇が神性を有すること、並びに日本国民が他民族に優越する国民であること、及び世界を征服する運命にあること、の三つが虚偽の観念とされ、従って、天皇が神性をもつ、という観念が否定された、とみなされる。ついでに、日本国民が他民族に優越すること、及び世界を支配する運命にある、という日本人の観念を、日本人自身が虚偽として認め、反省したものと、欧米人は受け取ることであろう。それによって、対外的に詔書はその目的を果たした、ということになるわけである。

しかし、この和訳を、詔書の本文と比較してみると、日本語としての意味が食い違うと思われる点がいくつかある。

第一に、現御神という観念は、神話・万葉の時代以来、とりわけ奈良時代の詔書によく見られる天皇の神聖性高貴性の伝統的表現であって、決して虚偽とは言えない。現御神と「神《デバイン》」とでは似ても似つかぬ観念であるが、欧米人の天皇神格化に対する非難は、その無理解・偏見に根ざすものであるから、それはそれでやむを得ない。従って、天皇が「神」であるとする観念を、彼らが虚偽であると理解するのはよいとしても、天皇を現御神とすることを虚偽とみとめることはできない。詔書の本文に戻るならば、「天皇を以て現御神として」の句と、「架空の観念」の句とを直接に結びつける構文解釈は不適切ではないか、と予想されるのである。

第二に、天皇が現御神（又は「神」、以下「第三」まで同じ）であることと、国民が他民族に優越し、世界支配の運命を持つこととの間に因果的関係がなく、天皇と国民との紐帯を根拠づける関係性がないことである。いま右英文の和訳から否定語を除去した「天皇と国民の紐帯は、『天皇が現御神であり、国民が他民族に優越し、世界を支配する運命にある』という観念に基づく」という文を考えてみるならば、そこには天皇と国民との間の関係を示す意味がないことが分かる。そのような文を否定しても、それによって天皇と国民との紐帯が相互の信頼と敬愛に基づく、という内容を補強することにはなり得ない。

第三に、これは右の第二点と同じことであるが、「世界支配の運命」にあるのは国民だけであって、天皇はその運命から除外されている。天皇と国民の紐帯の根拠付けに関する文章であるにもかかわらず、「運命を共にする」こと――それこそが両者の関係を最も緊密にするはずのものである――になっていないのは不自然である。すなわち、天皇を以て現御神とすることと、世界支配の運命を持つことを関連づける構文解釈が必要だということになる。

第四に、本文において「延て」の語が、「且」と並んで構文の意味・区切りを左右する相当の働きをしているはずであるが、英文ではその働きがほとんど考慮されていない。それが、本文と英文との対応に不自然さを感じさせる原因ではないか、と考えられる。

それでは、右の諸点を充たすような構文解釈は可能であろうか。特に第三・四点で述べたことを手掛かりに、原文を見直してみると、

（天皇と国民との紐帯は）

天皇を以て現御神とし、かつ日本国民を以て他民族に優越する国民とし、延いて（そのため）〔日本が〕世界を支配すべき運命を有する

との架空の観念に基づくものではない。

と読みとることが可能である。「延いて」を、天皇を以て現御神とすること、及び他民族に優越する国民とすることとの両方を受けることとするのである。

右の読み方が、文法的に成立するかどうかを検討してみよう。

第一に、「且つ」という副詞（又は接続詞）は、二つの文章を結合する機能を有するが、その並列される二つの文章が「を以て……とし」という同一形式をとることになるから、一方が「……運命を有す」という形式となる先の読み方に優る読み方と云えるだろう。殊に、ここの文章を漢

文の読み下し文と見るならば、この形式的整合性は、（漢文の文法として）決定的重みを持つものといえるであろう。

第二に、「優越セル民族ニシテ、延テ世界ヲ支配スベキ運命ヲ」の「ニシテ」という語には、前の句を、次に来る文の原因・理由とする働きがあり、一方「延テ」は、「そのために」「それが原因となって」という意味があり、一見「優越する民族であるから、世界を支配すべき運命を」とつながりやすく、そう読むのが自然のように感じられるのであるが、「ニシテ」の語には、その下に「延《ひい》て」の語が続く場合、その前の句を「原因・理由」とする働きはないものと解釈し、単純に「……であって」と、段落の区切りとするのが正当な読み方とみるべきである（「にして」が「理由・原因」を表す場合には、「優越セル民族ニシテ、世界ヲ支配スベキ運命ヲ」で上下の文の因果関係は十分表現されているのであり、「延て」は不要だからである）。

ということは、「延て」は前段の文章全体、つまり「天皇を以て……民族にして」という「且つ」で結合された文章全体を、下に続く文章の原因・理由とする働きをしていることになるわけである。この読み方は、第一点で述べた「且つ」の文章の区切り方と一致する。

以上、文法的にこの読み方が成立することを示したのであるが、意味上この読み方が妥当なことは、すでに述べてきたところから明らかであろう。改めてそれを整理してみるならば、「天皇を以て現御神とし」と「国民を以て他民族に優越する民族とする」こととが結合・作用して、「（日本が）世界を支配する運命を有する」こととなるのであり、そこに天皇と国民との運命共有という紐帯関係が成立する。その上で、「架空の観念」とされるその紐帯関係を否定することによって、真の紐帯の意味が明らかになるのである。

右の読み方・解釈が正当と認められるならば、「架空の観念」の句を直接修飾するのは「(日本が)世界を支配する運命にある」という文章だけであって、「天皇を以て……」及び「国民を以て……」の二文章は、直接「架空の観念」に結びついてはいないことになる。それら二文章は「架空の観念」の原因・理由になっているのであるから、架空の観念と全く無縁であると断定はできないが、しかし、架空の観念であると明示的に断定もしていない。また、両文章が「架空」のものでなくても、それらが結合・作用して「架空の観念」を生み出すことが有りうる。

つまり、両文章が(あるいは少なくとも両文章ともに)「架空」であることが、「架空の観念」を生み出すための必要条件ではないのである。以上によって、ここの文章全体を通じて、「天皇が現御神である」という観念が「架空」のものであると述べてはいないことが明らかになる。際《きわ》どい解釈ではないか、と思われるかもしれないが、その際《きわ》どさの中にこそ昭和天皇の不動の御意志を読み取るべきではないのか。

以上により、「現人神」の観念が誤りであると認めていないこと、その観念を否定していないことが明らかとなる。

では、「日本国民を以て他民族に優越する国民とする」という観念は「架空」のものであろうか。それは、「天皇は現御神」という観念と違って、全く正当とは言い切れない面がある。自国民を優れた国民と自覚・自負する正当な観念は、や、もすれば他民族蔑視につながり兼ねない優越意識ともなり得るからである。戦前戦中において、現御神たる天皇をいただく、他民族に優越する大和民族は世界を指導すべき運命にある、といった主張があったことは否定できない。しかし、そのような主張は、それに一時的に付和雷同することがあったとしても、大部分の日本人にとってほとんど自明であった東洋の安定と平和、アジア解放という目的意識に対して、重要な影響を与えたとは言えないであろう。

さらに、「ある観念・考え方が『架空』である」という意味を考えてみると、その観念ないし考え方（命題）には「根拠がない」ということであり、必ずしもその観念・命題の真偽・正邪を表現するとは限らない（「架空」の意味は、英語ならば「フォルス」よりも「フィクショナル（fictional, fictitious）」の方が近いのではないか）。そして、「架空」の観念・命題とは、その内容のみならず、その観念・命題の存在（定立）そのものに対する疑念・否認を含意しているとも考えられる。

従って、「日本は世界を支配する運命を有する」という観念・命題の定立自体が「架空」である、とも解し得る。いやむしろ、ポツダム宣言第6項の、日本が世界征服＝侵略を目指した、という主張を明確に拒否したものと受け止めるべきであろう。

かくて、「新日本建設に関する詔書」は、八月革命があったから発せられたのではなく、何よりも「八月革命」があり得なかったことの、最大の証拠となるのである。

K

（中略）かやうに考へると、我々が好むと好まぬとにかかはらず、神權主義はすでに廢棄せられ、日本の政治の根本建前として國民主權主義がすでに承認せられてゐるのであるから、政府の憲法改正草案が國民主權主義をその建前としてゐることはきはめて當然だといふことになる。いまや、問題は國民主權主義を日本の政治の根本建前としてみとめるのがいいかどうかではなくて、國民主權主義といふ原理を憲法の中で表明するのが適當かどうか、また表明するのが適當だとすれば、どういふ言葉で表明するがいいか、といふことにある。そして、この意味で政府草案に對しては多くの批判が為され得よう。

勿論、問題をもつと掘下げて、國民主權主義をみとめるのがいいかどうかを問題とすることもできる。ただ、さきにものべたやうに、八月革命でとにかく國民主權主義は一應承認せられたと見なくてはならぬから、ここで國民主權主義否なりと主張することは、昨年の八月革命そのものを否定する新たな革命を主張するにほかならぬといふことを忘れてはいけない。（以下略）

（コメント）

すでにこれ以上宮澤を批判することはない。宮澤は、「八月革命論」を提唱することによって、占領下憲法の押し付けという二重の不法行為を正当化し、国民を欺く「占領下革命」の先導者となったことを確認するまでである。

ご丁寧にも、「問題をもつと掘下げて、國民主權主義をみとめるのがいいかだうかを問題とすることもできる」とは、この「論文」執筆当時、未だ憲法審議の議会も開かれておらず、この先どう変わるか分からない時点において、どちらに転《ころ》んでも御身《おんみ》だけは安泰になるように、「心憎い」ばかりの用心深さである。

「革命的」に強要された憲法を打破することは、まさに占領下革命を否定する新たな「革命」に他ならないことを覚悟すべきであろう。

最後に、占領軍が無法な憲法押し付けをせず、SWNCC《スウィンク》二二八を忠実に実行していたらどうなっていたか、と考えてみよう。その仮定は、「八月革命説」と、占領下憲法の「押し付け」の意味を〝裏側〟から検証する試みとなるだろう。

SWNCC二二八の実行指示項目を再掲する。

（a）1 選挙権を拡張し、選挙民に責任を負う政府を樹立すること。

2 政府（行政府）の権威は、選挙民に由来し、行政府は、選挙民または国民を完全に代表する立法府に責任を負うものとすること。

3 立法府は、予算の全項目について減額・増額・削減・新項目追加の権限を有すること。

4 予算は、立法府の明示的な同意によって成立するものとすること。

5 日本の統治権の及ぶ範囲内の全ての人に基本的人権を保障すること。

6 都道府県の職員のできるだけ多数を、民選又はその地方庁の任命とすること。

7 国民の自由意思を表明しうる方法で、憲法の改正または起草・採択をすること。

（b）最終的な政治形態は、国民の自由意思の表明により決定されるべきであるが、現行形態そのままの天皇制維持は、前述の全般的な目的に合致しないと考えられる。

（c）①立法府の立法措置（憲法改正を含む）に対する政府の拒否権は暫定的なものに限ること。
②閣僚は文民であること。
③立法府は、自身の意思で会議を開きうること。
（d）①国務大臣は立法府の助言と同意に基づき任命され、立法府に連帯して責任を負う。
②内閣は立法府の信任を失ったとき辞職か選挙民に訴えるかのいずれかとする。
③天皇は重要事項につき、内閣の助言にもとづいてのみ行動すること。
④天皇の軍事上の権能を剥奪すること。
⑤内閣は、天皇に助言を与え、補佐するものとすること。
⑥皇室収入は国庫に繰り入れ、皇室費は、毎年予算に計上、立法府の承認を得る。

右の内容は、ほとんどすべて現在実現されていることであり、それらは占領軍の指示によるものであれ、自発的なものであれ、当然のこととして何ら差し支えることはない（厳密には、（d）⑥の皇室収入・皇室費の扱いには修正の必要があると考えるが、さしあたりそこまでは踏み込まない）。

GHQが右の指示を、かなり強権をもってしたとしても（天皇を戦犯とするかのような脅迫的なことはせずに）日本政府の自主的判断を促すこととし、日本側も毅然と筋道を通すことに専心したならば、（b）と傍線を付した項目を除き、憲法の成文にはほとんど手を加えず、運用・慣習の変更、個別の立法又は既存の法律の修正によって実行できたはずである。個別法とは、例えば国会法、内閣法、公務員法、国家会計法、地方自治法などである。

貴族院の例をとれば、明治憲法は——

第三十四条 貴族院ハ貴族院令ノ定ムル所ニ依リ皇族華族及勅任セラレタル議員ヲ以テ組織ス

——とあるが、憲法改正を経ずとも、占領軍の指令により華族制度は廃止される状態であり、国会法（貴族院令）で皇族は議員にしない（又は名誉議員とする）ことにすれば、残る貴族は英国流にいう〝一代貴族〟に限定されることになり、また勅任議員については、その選任の基準手続きを民主化すること（内閣・衆議院の関与など）が可能である。もちろん法律で衆議院の優位性を規定する。

予算関係が、米国の最も強く改革を求めているところであるが——

第六十七條 憲法上ノ大権ニ基ツケル既定ノ歳出及法律ノ結果ニ由リ又ハ法律上政府ノ義務ニ属スル歳出ハ政府ノ同意ナクシテ帝国議会之ヲ廃除シ又ハ削減スルコトヲ得ス

第七十條 公共ノ安全ヲ保持スル為緊急ノ需用アル場合ニ於テ内外ノ情形ニ因リ政府ハ帝国議会ヲ召集スルコト能ハサルトキハ勅令ニ依リ財政上必要ノ処分ヲ為スコトヲ得（第2項略）

第七十一條 帝国議会ニ於テ予算ヲ議定セス又ハ予算成立ニ至ラサルトキハ政府ハ前年度ノ予算ヲ施行スヘシ

——等の条項は、占領下においてその執行適用は中止し、予算案の審議決定手続きは国会法・国家会計法等の法律で規定する。憲法の条文の改正又は廃止は占領終了後に行う。

傍点を付した（d）④「天皇の軍事上の権能を剥奪すること」は、陸海軍が解体されているのであるから――

第十一条　天皇ハ陸海軍ヲ統帥ス

第十二条　天皇ハ陸海軍ノ編制及常備兵額ヲ定ム

――問題のこれ等の規定に実効性はない。占領下、警察予備隊の設置は憲法と無関係に行われた。仮に、占領下で国軍の再建が認められ、わが国がそれを受け容れた場合は、国軍法・国防法といった法律で、統帥権は天皇の委任により内閣総理大臣が実行すると定め、「帷幄上奏」という慣習を廃止すれば、右の条項に手を加える必要もない。

以上、相当に至難のことであるが、それで二年間持ちこたえることが出来たならば、占領政策の転換によって、十分に受け容れられることになったのではないか。

（a）7の憲法起草・改正の手続きは、占領下における憲法改正は行わないという原則に立てば不必要なことであるが、占領後の憲法改正を担保する意味からは、改憲に当たって少なくとも議会に発議権を与える改正は自発的に行った方が好いことであろう。

（d）⑥の皇室収入・皇室費の扱いであるが、――

第六十六条　皇室経費ハ現在ノ定額ニ依リ毎年国庫ヨリ之ヲ支出シ将来増額ヲ要スル場合ヲ除ク外帝国議会ノ協賛ヲ要セス

――の条項を停止し、占領軍の指示（「ポツダム勅令」）に従えば、憲法の条文に手をつけずに済むが、それでは皇室が完全にＧＨＱの従属下に入ってしまう。ここは、皇室財産・皇室経費は法律の定めによる、といった内容に変更して、「皇室経済法」を制定するのが適当であろう。

問題は（ｂ）の「現行形態そのままの天皇制維持」を認めない件であるが、それとて「前述（ａ）の全般的な目的に合致しない」と考えるからであって、それは、天皇制度に対する偏見・誤解に基づくものであるから、上記の改革をすべて実行して、明治憲法の天皇規定（「統治権・総攬」「天皇大権」）のままで十分目的が達せられることを納得すれば、「現行形態の天皇制維持」を認める可能性は生まれ得たであろう。極東委員会の「改憲基準」には、国民主権を明記すべきことが要求されているが、同様に、憲法にそれを表明する必要がないことが認められることもありえた。

以上、占領下における明治憲法の改定を最小限にとどめることが出来たならば、ポツダム・イデオロギーに基づくその他すべての一方的強権的な占領政策、すなわち——検閲・言論統制、焚書、ＷＧＩＰ、東京裁判、神道追放令、公職追放、教育への干渉（修身・地理・歴史の廃止、六三制の強要、師範制度の廃止……）、過激な労働運動や左翼活動の育成、農地改革、財閥解体、内務省・国家警察の解体、等々………——が強行されたとしても、講和以後の立ち直りと占領政策の是正ははるかにスムーズに行われたことであろう（それ以前に、米国の占領政策の転換がより容易になったはずである）。憲法以外にも、民法・家族法・相続法、刑法・刑事訴訟法、労働関係法、など基本法の改正が強行されたが、それらが憲法の改定を根拠としていなければ、内容もそれほど極端なものになり得なかったであろうし、またその是正も容易だったことは明らかである。

戦後民主主義についても、それが占領軍の全く同様な強制によって進められたとしても、講和後における明治憲法の規定とその修正を通じて見直しながら定着させることができたならば……と想像してみると良い。多少の年月、二一〜三十数年位を要したとしても、世界一民主的な立憲君主国として蘇っていたに違いない。その姿こそ、今日の自主憲法制定が目指すべき姿であろう。

あとがき

この本の憲法改定「策」が提起されるに至った淵源は、西尾幹二氏の一言に遡《さかのぼ》る。会社を定年退職する前、先生とは個人的面識をいただく以前のことである。都内の保守運動の集会、講演会、研究会などに顔出しするようになってからしばらくの頃で、伊藤哲夫氏の主宰する「政策センター」という団体があることを知り、はじめてその安全保障シンポジウム（会場は四谷）に出席したときのことである。森本敏氏が主報告者で数人の自衛隊将官退役者が参加していた。最前列に西尾幹二氏が着座していた。つまり先生は聴衆として出席しておられたのである。

シンポジウムが一段落して、司会の伊藤哲夫氏が目の前の西尾幹二氏に挨拶を求めた。先生はその挨拶の中で、「問題は憲法ではなく、憲法第九条を言い訳に国防を怠っていることだ」という趣旨の一言を述べられたのである。その後数人の来賓挨拶があり、その中のお一人、小田村四郎氏が「やはり国防の最大の障害は憲法であり改憲が重要である」と、西尾氏を窘《たしな》めるような発言をされ、もちろん小田村氏の言われたことはその通りで正しいのであるが、私には西尾氏の発言は、虚を突かれたような衝撃だった。その〝衝撃〟の一言以来、「憲法改正が必要なことは言うまでもないが、その困難さを理由に国防強化・自主防衛を怠ることは許されない」、という思考が定着するようになったのである。

さらに、この「思考」が、改憲路線の「策」として具体的な形で表現できるようになるのは、第二次安倍内閣の登場の時期まで待たねばならなかった。改憲に先立って防衛諸法を改正する方針を打ち出し推進したことは、憲法を口実として防衛力強化を怠る態度から脱却する期待を抱かせるものである。けれども、その際の憲法解釈は第四章で指摘したとおり極めて曖昧不十分なものであり、決してその期待に応えられるものではなかったのであるが、逆にそれ故にこそ、本書の「策」を提起する意味がある、とも言えるであろう。

しかし、すでに安保法制の是非が問題ではない。今日における自衛とは何を守ることなのか、そのための手段方法は何か、ということを、法律の制限・解釈を越えて判断することでなければならない。国の防衛は相手あってのこと、それに対処するのに不都合な法令の改定は当方の意思次第、それが主権国家である。そのような「普通の国」としての判断と行動がとれなければ、国の存立危機を防げない事態が訪れていることを、為政者ははっきりと国民に告げなければならない。

安倍首相の外交は、世界情勢の動向を〝地球儀〟的に捉えて、的確に国益を追求する、目を見張るような素晴らしいものである。日米同盟を基軸としながら、中華帝国と確《しっか》りと対峙する姿勢が見て取れる。故岡崎久彦氏の薫陶の賜ではないかと想像する。米国の上下両院における演説は、その精華であろう。

けれども、今日のアメリカの覇権の後退傾向は、岡崎氏の存命中より一段と進み、〝凋落〟の語が当てはまるかのような状況すら生まれつつある。それが、わが国の安全保障の自律性を必要とする決定的要因である。「集団的自衛権」の行使が法的に可能になった、という程度のことではとても足りない。安倍首相にそのような認識がお有りなのか疑問となるところである。

第四章で南シナ海の埋め立てを中止させるには「戦端を開く覚悟」必要と述べたが、その後工事はさらに急ピッチで進められている。米軍は近く人工島の十二カイリ以内に艦船を派遣することになるようである。それは、中国の工事進捗を牽制するものではあるが、工事を中止させるものではない。まして既製の工事を破壊することなどあり得ない。数年以内に軍事基地として完成されることは避けられないと思われる。

国連海洋法条約は、人工島は領海の起点とはならないと定めているから、法的に中国の領有権が南シナ海に発生することはあり得ないのだが、既成事実として軍事基地が完成すれば、少なくともベトナム、フィリピン、その他沿岸諸国の島嶼に対する領土主権の主張が無視されることは避けられない。そして、バシー海峡とマラッカ海峡の出入り口を中国人民解放軍に扼されることになれば、わが国のシーレーンの生殺与奪の権は中国共産党の手に握られることになる。

これが直ちに軍事衝突、熱い戦争の危険を増すとは限らない。中国は、自己に都合のよいときを選んで、わが国のシーレーンに嫌がらせをするだけで、わが国のエネルギー輸送にダメージを与えることができる。中国はその優越する地位を確実にするために、むしろ米国艦船の十二カイリ以内の侵入を認め、一時的にせよ尖閣に対する緊張を緩和させることなどが、十分にあり得るからである。そのような融和策による平和に甘んじることは、長期的に、日米及び沿岸諸国の敗北であることは明白である。

それにしては、日本政府・安倍政権が、この問題に全く関与していないかのような状況は異常である。米国にとって第一列島線を破られることは戦略的敗北であるが、グァム以東、又は最終的にハワイまで防衛戦を引き下げる対応も可能であろうが、わが国にとってそれは直接生存が脅かされる危機である。それにもかかわらず、わが国が、南シナ海問題に他人事・対岸の火事のような態度を続けるならば、米国のみならず沿岸諸国からも信頼を失い、安倍外交の成果が一気に崩壊し、孤立することにもなりかねない。アメリカ艦船が牽制行動をとる機会を逃さず、わが国の態度を鮮明にすることが望まれる。

第四章で述べた通り、米国の他国の領土紛争には干与しないという国是・伝統的外交政策を、東アジア、少なくともサンフランシスコ条約でわが国の関与する未解決問題に関しては、明確に転換するように求め促すことが急務である。そのために、国を挙げて、米議会に対するロビー活動や世論に対する働きかけが必要である。その活動の一環として、むしろその中心問題として、台湾問題が据えられるべきである、と考える。

台湾は、次期総統選の結果がどうなろうとも中国離れの動向は変わらないであろう。しかし、アメリカがたんに台湾の〝現状維持〟を求めることに終始するならば、台湾人民の自立意思は目標を見失い、結局中国の統一工作に乗ぜられる結果になることは、陳水扁政権の末路をみても明らかである。わが国は第四章で述べた論理に従って、台湾人民の自決権を認める国際的取り決めの実現を、米国はじめ国際社会に呼びかけるべきである。それが中国の第一列島線突破の野望を打ち砕く、政治的決め手になるからである。それは中国に半狂乱の怒りを呼び起こすことになるであろうが、そこを突破することが、わが国の安全保障の自立化の起点になるのではないか。憲法の制約を口実に、それを回避することは許されない事態に至っていることを認識しなければならない。

本書の執筆を思い立ってから足かけ五年に及ぶ。始まりは藤岡信勝氏のお勧めによる。憲法問題について、先生の主宰する自由主義史観研究会で簡単な報告を発表し、その後幾度かの発言・発信について、著作をまとめることを勧められたのである。しかし私は憲法の専門家でも研究者でもなく、そんな大それた意志はなかったのであるが、いわゆる保守派の人たちの間では、「東京裁判史観」の克服を説く人は多いが、国民をより直接に拘束している憲法問題に対する関心は意外に薄く、その改定策が論じられることはほとんどない。憲法改正は政治家にお任せで、それが進まないのは、言外に有権者＝国民が悪い、ということのようである。

本書で度々引用した片岡鉄哉氏の著作は、自民党が憲法の擁護派と改定派が立場を曖昧にしたまま統合したことによって、政党としての自律機能を喪失させていることを解明しているにもかかわらず、それを深刻に受け止めることは、管見の限りではほとんど見られない。憲法改定の大目標がないことが、様々な愛国的諸運動が、戦後体制の打破・主権回復に向かう太い流れへと統合されない根本原因である。左翼・護憲派の側から見るならば、それは明らかなことである。この問題に立ち向かう人が見当たらない以上、藤岡先生のお勧めから一年ほど後には、浅学非才を顧みず、それに従おうと決意したのである。

以後数年間、構想、内容とも幾変転、一時は数百ページにも達するところであったが、出版可能な分量に抑えつつ、先に見た安倍内閣の登場を機に、ようやく実行可能と思われる「策」が見えてきたのである。ともかく藤岡氏のお勧めを実行できたことは、ご期待に添えているかどうかは心許ない限りではあるが、肩の荷を降ろした思いである。

本書執筆の期間中に、三人の愛国的知識人が亡くなる悲しみが伝えられた。

中嶋嶺雄氏は、筆者の高校の一年先輩に当たるが、遥か見上げる巨大な存在である。中国の文化大革命の虚妄に最初に気付かせてくださった方である。

遠藤浩一氏は、雑誌の論文で、五十五年体制は真っ当な保守の合同であったが、六十年体制がそれを歪めた旨論じておられた。それは、まさに筆者の体験した「六〇年安保闘争」の虚偽が指摘される思いであった。私の人生において、その「けじめ」をつけねばならないと痛感させられたのである。本書執筆が継続できたのは、その思いが一つの支えとなったからである。

井尻千男氏には、拓殖大学の公開講座「日本学」を通じて、保守論壇の諸先生方に接し、また多くの愛国者の仲間を得る機会を提供していただいた。また、「主権回復記念国民集会」をはじめ数多くの集会シンポジウムを主催され、自らも講師コメンテーターとして活躍され、絶えず新たな問題意識を喚起された。

ここに三先生に感謝の意を捧げ、御冥福を祈念致します。

なお、政治的立場は異なり、お目にかかったことはないが、占領期・講和前後に関する研究書を通じて貴重な知識・情報をいただいた政治学者、五十嵐武士氏もこの期間に亡くなられた。御冥福を祈ります。

振り返ってみると、多くの老若の仲間との勉強会、懇親会等における討論、ときには激論が、拙著にとって大きな刺激と糧となったことに思い至る。また、出版に当たっては、幾多の知人友人からの支援激励と忠言をいただいた。合わせて感謝申し上げる。

妻には、この間家事家計を振り返ることもなく負担と苦労を掛け続けた。どうか、お国のためだと思って許されよ。

最後に、突然に持ち込んだ無名の筆者の原稿の出版を受け容れてくださった、展転社の藤本隆之社長のご英断に、心より厚く御礼申し上げます。

平成二十七年十一月

等々力孝一

参考文献（本文・注で引用又は言及したものを除く。読者へのお薦めの文献を含む）

第一章
西　修　「日本国憲法成立過程における極東委員会の役割と限界」同『日本国憲法成立過程の研究』（成文堂、平成十六年刊）所収
同　『ドキュメント日本国憲法』（三修社、昭和六十一年三月刊）
同　『日本国憲法の誕生を検証する』（学陽書房、昭和六十一年十一月刊）
佐々木高雄『戦争放棄条項の成立経緯』（成文堂、平成九年刊）
坂本多加雄『象徴天皇制度と日本の来歴』（都市出版、平成七年刊）
八木秀次『日本国憲法とは何か』（PHP新書、平成十五年刊）
同　『明治憲法の思想』（PHP新書、平成十四年刊）
瀧井一博『文明史のなかの明治憲法』（講談社、平成十五年刊）
伊藤哲夫『明治憲法の真実』（致知出版社、平成二十五年刊）
第六章の岩田論文も参照のこと。
第二章、補論
仲　晃　『黙殺　ポツダム宣言と日本の運命』（日本放送出版協会、平成十二年刊）
長谷川毅『暗闘　スターリン、トルーマンと日本の降伏』（中公文庫、平成二十三年刊）

長与義郎『復刻版 少年満洲讀本』（徳間文庫、平成二十七年刊）

西尾幹二『ＧＨＱ焚書図書開封５　ハワイ、満州、支那の排日』（徳間書店、平成二十三年刊）。右の長与の本の抜粋・解説を収める。

田中秀雄『日本はいかにして中国との戦争に引きずり込まれたか：支那通軍人・佐々木到一の足跡から読み解く』（草思社、平成二十六年刊）

石　平『なぜ中国は覇権の妄想をやめられないのか』（ＰＨＰ新書、平成二十七年三月刊）

同　『中国人はなぜ「お金」しか信じないのか「中国三大宗教」と「共産革命」の悲劇』（ベストセラーズ、平成二十七年四月刊）

第三章・第四章・第五章

西尾幹二『個人主義とは何か』（ＰＨＰ新書、平成十九年刊。『ヨーロッパの個人主義』昭和六十四年刊の復刊増補版）。憲法と直接関係ないが、個人、自我の問題を日本人が自分で考える手引き。

宮崎正弘『日本が在日米軍を買収し第七艦隊を吸収・合併する日』（ビジネス社、平成二十七年五月刊　無数にある防衛関係書物と、宮崎氏の夥しい数の著作から、国防問題を長期のスパンで広い視野から考える一冊。

高森明勅「富田メモへの重大疑念『昭和天皇実録』公開で深まった」（月刊『Ｗｉ Ｌ Ｌ』平成二十六年十二月号）

第六章

佐々木毅「ジャン・ボダン」同『近代政治思想の誕生』（岩波新書、昭和五十六年刊）所収

ホッブズ『リヴァイアサン』一〜四 水田洋訳（岩波文庫、平成四年改訳版）

ジョン・ロック『完訳 統治二論』加藤節訳（岩波文庫、平成二十二年刊）

ジャン＝ジャック・ルソー『社会契約論』作田啓一訳（白水社、平成二十二年刊）

シィエス『第三身分とは何か』稲本洋之助・伊藤洋一・川出良枝・松本英実《えみ》（岩波文庫、平成二十三年刊）

長尾龍一『日本国家思想史研究』（創文社、昭和五十八年刊）

長谷川三千子「八月革命の逆説」中西輝政編『憲法改正』（中央公論新社、平成十二年刊）所収

岩田 温《あつし》「日本国憲法と『革命』——八月革命説と『国体』をめぐって——」渡部昇一監修『日本は憲法で滅ぶ』（総和社、平成二十三年刊）所収

大原康男「天皇の『人間宣言』とは何か」同『天皇——その論の変遷と皇室制度』（展転社、昭和六十三年刊）所収

伊藤陽夫《はるお》『動《ゆる》ぎなき天皇国日本』（展転社、平成十九年刊）

等々力孝一（とどりき　こういち）

昭和12年、東京都杉並区生まれ。昭和31年、長野県松本深志高等学校卒。同年、東京教育大学文学部（日本史学科）入学、学生運動に没入、「60年安保闘争」を体験、同37年中退。以後、零細、中小、中堅各企業7社を転々とする。平成15年、㈱サイサン（本社さいたま市大宮区）を勤続26年、定年退職。翌16年、同社グループ子会社サン運輸㈱（本社上尾市、現・ガスワン運輸）社長を退任。以後フリー。平成18年以来、西尾幹二氏主宰の坦々塾会員。

占領下制定憲法打破・第九条改定に策あり

平成二十七年十一月十日　第一刷発行

著　者　等々力孝一

発行人　藤本　隆之

発　行　展　転　社

〒157-0061　東京都世田谷区北烏山4-20-10

TEL　〇三（五三一四）九四七〇

FAX　〇三（五三一四）九四八〇

振替〇〇一四〇―六―七九九九二

印刷　中央精版印刷

定価［本体＋税］はカバーに表示してあります。

ISBN978-4-88656-419-1

てんでんBOOKS
［表示価格は本体価格（税抜）です］

自衛隊が国軍になる日　柿谷勲夫
●軍事力なかりせば領土領海取られて国滅ぶ。集団的自衛権の行使容認から自主憲法を制定し「日本国防軍」の確立を。　1800円

戦後日本を狂わせた左翼思想の正体　田中英道
●戦後日本を混乱させてきた左翼思想の正体は変種マルクス主義であるフランクフルト学派であった。　2000円

さらば戦後精神　植田幸生
●戦後体制とは巨大なマジックミラーの時代であり、米国が牛耳をとり外側の日本人は明き盲に過ぎなかった。　1800円

日本人の百年戦争　坂本大典
●薩英、馬関、日清、日露、第一次大戦、満洲、支那事変から大東亜戦争まで日本民族の「百年戦争」を明らかにする。　2000円

日本文明の肖像Ⅱ　遠藤浩一
●憲法、国防、外交、行政などを取り上げ、歴史や伝統に立脚する政治を中心として日本文明の相貌を描き出す。　1800円

韓国の大量虐殺事件を告発する　北岡俊明　北岡正敏
●知られざる韓国軍による大量虐殺事件の数々を綿密な現地取材で徹底検証。戦争犯罪国家・韓国の正体を暴く。　1600円

韓国人は何処から来たか　長浜浩明
●族譜は一〇〇%デタラメ！　はびこる近親婚に近親相姦。祖先は「庶子とクマ女の雑種」。これが韓民族の正体だ！　1500円

これでも公共放送かＮＨＫ！　小山和伸
●偏向反日番組を垂れ流し放送法を楯にとって受信契約、受信料徴収を強いるこんなＮＨＫなどもういらない！。　1500円